FORSCHUNGSBERICHTE DES LANDES NORDRHEIN-WESTFALEN

Nr. 3217 / Fachgruppe Geisteswissenschaften

Herausgegeben vom Minister für Wissenschaft und Forschung

Prof. Dr. phil. Josef Hitpass †
Dr. rer.nat. Rita Ohlsson
Dr. rer.nat. Elisabeth Thomas
Institut für Erziehungswissenschaft
der Universität Bonn -
Arbeitsgruppe Bildungsforschung in Köln

Nordrhein-Westfälische Initiativen
für Chancengleichheit im Bildungswesen im Spiegel empirischer Forschung

Westdeutscher Verlag 1987

CIP-Kurztitelaufnahme der Deutschen Bibliothek

Hitpass, Josef:
Nordrhein-westfälische Initiativen für Chancen-
gleichheit im Bildungswesen im Spiegel empiri-
scher Forschung / Josef Hitpass ; Rita Ohlsson;
Elisabeth Thomas. - Opladen : Westdt. Verl., 1987.
  (Forschungsberichte des Landes Nordrhein-
  Westfalen ; Nr. 3217 : Fachgruppe
  Geisteswissenschaften)
  ISBN 3-531-03217-8

NE: Ohlsson, Rita:; Thomas, Elisabeth:;
Nordrhein-Westfalen: Forschungsberichte des
Landes...

© 1987 by Westdeutscher Verlag GmbH, Opladen
Herstellung: Westdeutscher Verlag
Druck und buchbinderische Verarbeitung:
Lengericher Handelsdruckerei, 4540 Lengerich
Printed in Germany

ISBN 3-531-03217-8

INHALT

GELEITWORT 5

ABITUR- UND STUDIERFÄHIGKEIT VON OBERSTUFENSCHÜLERN
MIT UNGLEICHER SCHULISCHER VORBILDUNG 7

RESÜMEE 9

1. EINFÜHRUNG UND PROBLEMSTELLUNG 11

2. UNTERSUCHUNGSANSATZ, BESCHREIBUNG DER
   STICHPROBE UND METHODISCHES VORGEHEN 18

3. HAUPTBEFUNDE DER UNTERSUCHUNG 22

3.1. Studium oder Beruf - die Entscheidung nach dem Abitur 22

3.1.1. Motive für die Wahl von Studium und Beruf 28

3.2. Die Entfaltung der Studierfähigkeit durch die neugestaltete gymnasiale Oberstufe - Retrospektive der Absolventen mit unterschiedlichem schulischen Schicksal 42

3.2.1. Auflösung der Jahrgangsklasse und des verbindlichen Fächerkanons - Herzstück der Reform 43

3.3. Die Bewährung von Abiturienten mit verschiedenartigem schulischen Schicksal im Studium 64

4. ZUSAMMENFASSUNG UND SCHLUßFOLGERUNG 75

LITERATURVERZEICHNIS 79

GESAMTHOCHSCHULE IN DER BEWÄHRUNGSKONTROLLE
VERGLEICH ZWEIER STUDENTENGENERATIONEN   81

1. DIE NACHKRIEGSENTWICKLUNG DER HOCHSCHUL-
   LANDSCHAFT IM LANDE NORDRHEIN-WESTFALEN   83

2. DIE KONZEPTION DER INTEGRIERTEN GESAMT-
   HOCHSCHULE   85

3. DER UNTERSUCHUNGSANSATZ ZUR BEWÄHRUNGS-
   KONTROLLE DER REFORMHOCHSCHULE   87

4. HAUPTBEFUNDE DER VERGLEICHSUNTERSUCHUNG
   DER BEIDEN STUDENTENGENERATIONEN DER
   IMMATRIKULATIONS-JAHRGÄNGE 1974/75 bzw.
   1975/76 EINERSEITS UND 1983/84 ANDERERSEITS   90

4.1. Der Vergleich person- und studienspezi-
     fischer Merkmale   90

4.2. Studierfähigkeit, Studienmotivation und
     Studienwahl   102

4.3. Der Studienerfolg als Kriterium für die
     Vertretbarkeit ungleicher Zulassungsvor-
     aussetzungen   119

ZUSAMMENFASSUNG   127

LITERATURVERZEICHNIS   132

Geleitwort

Es gibt nur wenige Wissenschaftler in der Bundesrepublik Deutschland, die sich mit der Frage nach dem Verhältnis von Quantität und Qualität in unserem Bildungswesen so kompetent befassen können, wie Prof. Dr. Josef Hitpaß das getan hat. Die beiden vorliegenden Arbeiten, die er kurz vor seinem plötzlichen Tod am 4. 12. 1986 abgeschlossen hat, sind ein weiterer Beleg für diese Kompetenz. Beide Arbeiten beleuchten - kritisch-konstruktiv, wie seine Haltung stets war - auf empirischer Basis die Ergebnisse nordrhein-westfälischer Initiativen zu mehr Chancengerechtigkeit im Bildungswesen.

Die Arbeit "Abitur- und Studierfähigkeit von Oberstufenschülern mit ungleicher schulischer Vorbildung" befaßt sich mit den Konsequenzen aus der 1974 in Nordrhein-Westfalen geschaffenen Möglichkeit, im Zuge der Bemühungen um eine größere Durchlässigkeit im dreigliedrigen Schulsystem sowohl Haupt- als auch Realschülern - beim Vorliegen bestimmter leistungsbezogener Voraussetzungen - den Eintritt in die gymnasiale Oberstufe zu eröffnen. Der Autor schreibt: "Diese Chance muß(te) deshalb als mit einem besonderen Risiko behaftet angesehen werden, weil Hauptschüler und Realschüler den grundständigen Gymnasiasten gegenüber mit ungleichen Lernvoraussetzungen formaler und materialer Art in die Oberstufe übergehen". Die zweistufige Untersuchung, die sich insgesamt auf den Untersuchungszeitraum von 1977 bis 1986 erstreckt, prüft den Erfolg dieser nordrhein-westfälischen Reformmaßnahme am Maßstab der Erfolgsquoten im Abitur, der dabei erreichten Durchschnittsnoten, des Studienwahlverhaltens und der damit verbundenen Motivationsstruktur, der Einschätzung der Funktionstüchtigkeit des Kurssystems und schließlich der Bewährung im Studium.

In der zweiten Arbeit "Gesamthochschule in der Bewährungskontrolle - Vergleich zweier Studentengenerationen" geht es um die empirische Erfassung der Konsequenzen aus einer weiteren bedeutsamen nordrhein-westfälischen Reformmaßnahme im tertiären Bildungsbereich: die Einrichtung von Gesamthochschulen. "Das Modell der integrierten Gesamthochschule sieht die Einrichtung integrierter Studiengänge vor, in denen die Aufgaben der Universität einerseits und die der Fachhochschule andererseits vereinigt werden. Nach einem viersemestrigen Grundstudium können sowohl Abiturienten als auch Nicht-Abiturienten nach zwei weiteren Semestern Hauptstudium im sog. Kurzstudiengang das Diplom I oder nach 4 Semestern Hauptstudium im Langstudium das Diplom II erwerben". Die entscheidende Frage ist hier, mit welchem Erfolg Studierende mit unterschiedlichen Studieneingangsvoraussetzungen an Gesamthochschulen studieren. Dazu wurden zwei Studenten"generationen" (eine erste ab Mitte der 70er Jahre über 14 bzw. 16 Semester hinweg, eine zweite seit 1983/84 über 6 Semester hinweg) mittels eines komplexen Instrumentariums auf ihre Studienbewährung hin untersucht. Die Zweituntersuchung wurde vor allem deshalb initiiert, weil manches Ergebnis der Erstuntersuchung vielfach geäußerten Erwartungen zuwiderlief.

Es ist kein Zufall, daß in diesen Tagen eine weitere, diesmal bundesweit angelegte Untersuchung von Prof. Hitpaß mit dem Titel "Leistungsbeurteilung in Hochschulabschlußprüfungen innerhalb von drei Jahrzehnten" erscheint. Es gibt kein bildungspolitisch bedeutsames Thema, das er nicht - oft früher als andere - mit seinen empirisch abgesicherten Untersuchungen und Ergebnissen hinsichtlich der öffentlichen Diskussion bereichert und auch versachlicht hat. Alle, die auf diesem für die Zukunft unserer Gesellschaft so wichtigen Feld arbeiten, haben Prof. Dr. Josef Hitpaß vieles zu verdanken.

Sein unerwarteter, plötzlicher Tod hat uns alle getroffen. Wir trauern um einen guten Kollegen.

Professor Dr. Erich E. Geißler, Direktor des Institutes für Erziehungswissenschaft der Universität Bonn

Abitur- und Studierfähigkeit
von Oberstufenschülern
mit ungleicher schulischer Vorbildung

RESÜMEE

Die Reformmaßnahme des nordrhein-westfälischen Kultusministers aus dem Jahre 1974, über die qualifizierte Fachoberschulreife Haupt- und Realschülern den Zugang in die Jahrgangsstufe 11 der gymnasialen Oberstufe und damit die Chance zu Abitur und Studium zu eröffnen, ist im Rahmen einer zweistufigen Längsschnittuntersuchung einer Bewährungskontrolle unterzogen worden.

So wurde das Schul- und Studienschicksal einer Stichprobe von 618 Schülern, die etwa zu gleichen Teilen als grundständige Gymnasiasten (GY), als ehemalige Realschüler (RS) und als ehemalige Hauptschüler (HS) in die Oberstufe eingetreten sind, zunächst bis zum Abitur und sodann bis zur Zwischenprüfung an der Hochschule beobachtend begleitet, wobei sich der Untersuchungszeitraum von 1977 bis 1986 erstreckte.

Während im Verlauf der Oberstufe ein starker Ausleseeffekt wirksam wird, der sowohl in der Erfolgsquote (GY = 88 %; RS = 78 %; HS = 58 %) als auch in der Abitur-Durchschnittsnote (GY = 2,55; RS = 2,72; HS = 2,81) in besonderer Weise die ehemaligen Hauptschüler trifft, gleicht sich die Entwicklung der drei Gruppen während des Studiums - wie dies an verschiedenen Kriterien von Studienverlauf und Studienerfolg abgelesen werden kann - mehr und mehr an. Dennoch aber zeigt die Gesamtbilanz über beide Stufen der Beobachtung, daß die grundständigen Gymnasiasten die besten Chancen haben, die Reifeprüfung am Gymnasium und die Zwischenprüfung an der Hochschule erfolgreich abzulegen, daß unter den ehemaligen Realschülern die Chance, diese Ziele zu erreichen, größer ist als das Risiko, während unter den ehemaligen Hauptschülern das Risiko die Chance übersteigt.

1. EINFÜHRUNG UND PROBLEMSTELLUNG

In der sehr wechselvollen Geschichte des deutschen Bildungswesens gab es kaum eine stärker reformfreudige Zeit als die zwischen 1960 und 1980. Nach einer Phase der Restauration und Konsolidierung, die man für den Zeitraum von 1945 - 1957 ansetzen kann[1], folgen ab Mitte der 50er Jahre die ersten Vorschläge zu Reformmaßnahmen des Schulwesens[2].

Eine richtungweisende Erklärung, die sich an den insgesamt zu beobachtenden internationalen Tendenzen orientierte, wurde 1964 von der Ständigen Konferenz der Kultusminister verabschiedet, in der sie folgende Maßnahmen empfahl:

- "Anhebung des gesamten Ausbildungsniveaus durch vermehrte und verbesserte Schulbildung aller Art,
- Erhöhung der Zahl der zu gehobenen Abschlüssen verschiedenster Art geführten Jugendlichen,
- Ausbildung jedes einzelnen bis zum höchsten Maße seiner Leistungsfähigkeit,
- Verstärkung der Durchlässigkeit unter allen bestehen-

---

1) Vgl. dazu: HITPASS, J.: Deutschlands Bildungswesen - die Folgen der Reform. Köln 1981, S. 13

2) Vgl. dazu: Deutscher Ausschuß für das Erziehungs- und Bildungswesen:
   - Rahmenplan zur Umgestaltung und Vereinheitlichung des allgemeinbildenden öffentlichen Schulwesens. Stuttgart 1959
   - Empfehlungen und Gutachten 1953 - 1965. Stuttgart 1966

   Deutscher Bildungsrat:
   - Schulversuche mit Gesamtschulen. Bonn 1969
   - Strukturplan für das Bildungswesen. Bonn 1970
   - Bericht '75 - Entwicklungen im Bildungswesen. Bonn 1975

den Schulen (zum Beispiel horizontal, nicht vertikal
gegliederter Schulorganisationen),
- Errichtung neuer weiterführender Formen."[3]

In der Konsequenz dieser Erklärung sowie in Würdigung
der Vorschläge verschiedenster Gremien kam es 1972 zur
epochemachenden Reform der gymnasialen Oberstufe.[4]

Zwei Jahre später, 1974, eröffnet der Kultusminister des
Landes Nordrhein-Westfalen durch einen Runderlaß[5] den
Absolventen der Klasse 10 nicht-gymnasialer Bildungswege,
die durch entsprechende Leistungsnachweise einen "Qualifikationsvermerk" auf ihren Zeugnissen erhalten hatten,
den Zugang in die Klasse 11 dieser neugestalteten gymnasialen Oberstufe.

Dieser Qualifikationsvermerk ist laut Runderlaß des
Kultusministers vom 9.4.1974[6] an folgende Bedingungen
geknüpft:

- gute oder bessere Leistungen in den Fächergruppen
  Deutsch, Englisch und Mathematik (Fächergruppe I)

  oder

- mindestens befriedigende Leistungen in Deutsch, Englisch, Mathematik und in drei weiteren Fächern der

---

3) Vgl. dazu: Ständige Konferenz der Kultusminister der Länder in der Bundesrepublik Deutschland: "Berliner Erklärung" vom 5./6. März 1964. In: Sammlung Luchterhand, Neuwied 1964, S. 34

4) Vgl. dazu: Ständige Konferenz der Kultusminister der Länder in der Bundesrepublik Deutschland: Vereinbarung zur Neugestaltung der gymnasialen Oberstufe in der Sekundarstufe II vom 7. Juli 1972. Neuwied 1972

5) Vgl. dazu: Der Kultusminister des Landes Nordrhein-Westfalen. RdErl. vom 23.2.1971: Abschluß der Klasse 10 und Zeugniserteilung. In: Amtliches Schulblatt für den Regierungsbezirk Köln, 62. Jg., 6/1971

6) Vgl. dazu: Der Kultusminister des Landes Nordrhein-Westfalen. RdErl. vom 9.4.1974: Regelungen für die Aufnahme von Absolventen der Haupt- und Realschule sowie von Absolventen der Klassen 10 des beruflichen Schulwesens in die gymnasiale Oberstufe.

Fächergruppe II (z.B. Naturwissenschaften, Gesellschaftswissenschaften, Kunst/Musik)

oder

- ausreichende Leistungen in einem Fach der Fächergruppe I (z.B. Deutsch), die ausgeglichen werden können durch:

   a) gute Leistungen in einem anderen Fach der Fächergruppe I und mindestens befriedigende Leistungen in drei Fächern der Fächergruppe II;

   b) durch gute Leistungen in zwei Fächern der Fächergruppe II und mindestens befriedigende Leistungen in dem dritten Fach dieser Fächergruppe sowie mindestens befriedigende Leistungen in den übrigen beiden Fächern der Fächergruppe I.

Die hier aufgeführte Regelung gilt vom Schuljahr 1975/76 an und findet bei folgender Zensurenkonstellation Anwendung:

	Fächergruppe I			Fächergruppe II		
	Deutsch	Mathe.	Engl.	a	b	c
1. Variante	2	2	2	keine Bedingungen		
2. Variante	3	3	3	3	3	3
3. Variante	4	2	3	3	3	3
4. Variante	3	4	3	2	2	3

Damit können folgende Schüler in die 11. Jahrgangsstufe der neugestalteten Oberstufe des Gymnasiums in Nordrhein-Westfalen aufgenommen werden:

"1. Schüler des Gymnasiums mit einem Versetzungszeugnis in die Klasse 11.

 2. Hauptschulabsolventen und Sonderschulabsolventen mit Fachoberschulreife und Qualifikationsvermerk.

 3. Realschulabsolventen mit Fachoberschulreife und Qualifikationsvermerk.

4. Schüler der Gesamtschule mit Fachoberschulreife und Qualifikationsvermerk.

5. Absolventen der beruflichen Schulen, die die Fachoberschulreife vermitteln, mit Qualifikationsvermerk, sofern sie das 19. Lebensjahr noch nicht vollendet haben"[7].

Die hier zunächst wohl nur "formal" gewährleistete "Gleichrangigkeit" der Zugänge von fünf "material" (inhaltlich) in der Sekundarstufe I unterschiedlich vorgebildeten Berechtigten sollte auch de facto "Gleichartigkeit" - oder zumindest eine "Angleichung" - erfahren, da die Bildungsgänge in der Sekundarstufe curricular ähnlich gestaltet werden sollten. Dies wurde durch den Erlaß von Stundentafeln für Hauptschule, Realschule und Gymnasium zu garantieren versucht, wie dies aus Tabelle 1 deutlich werden kann[8].

Bedacht werden muß allerdings, daß diese Stundentafeln lediglich den organisatorischen Rahmen vorgeben, die curriculare Gestaltung jedoch von vielen unterschiedlichen Gegebenheiten abhängig ist, so daß schwer abzuschätzen bleibt, inwieweit "Gleichrangigkeit" der Abschlüsse am Ende der Sekundarstufe I das Prinzip "Durchlässigkeit" tatsächlich bestätigt und schließlich "gleiche Chancen"

- zum Erwerb der allgemeinen Hochschulreife am Ende der Sekundarstufe II garantiert und

  - da das Ziel der Sekundarstufe II in der Entwicklung der Studierfähigkeit zu sehen ist -

- zur Aufnahme wie zur erfolgreichen Bewältigung eines Studiums befähigt.

---

7) Vgl. dazu: Der Kultusminister des Landes Nordrhein-Westfalen: Die neugestaltete Oberstufe des Gymnasiums. Informationsschrift für Schüler. Schuljahr 1980/81, Köln 1980, S.3

8) Vgl. dazu: Der Kultusminister des Landes Nordrhein-Westfalen. RdErl. vom 23.3.1973: Stundentafel für die Sekundarstufe I.

Tab. 1 Unterrichtsfächer für Hauptschüler, Realschüler und Gymnasiasten in der Sekundarstufe I

HAUPTSCHULE	REALSCHULE	GYMNASIUM
Deutsch	Deutsch	Deutsch
Gesellschaftslehre (Geschichte, Erdkunde, Politik)	Gesellschaftslehre (Geschichte, Erdkunde, Politik)	Gesellschaftslehre (Geschichte, Erdkunde, Politik)
Mathematik	Mathematik	Mathematik
Naturwissensch.	Naturwissensch. (Biologie, Chemie, Physik)	Naturwissensch. (Biologie, Chemie, Physik)
Englisch	Englisch	1. Fremdsprache (ab Klasse 5)
		2. Fremdsprache (ab Klasse 7)
Technik/Wirtsch. (Arbeitslehre) (ab Klasse 7)		
Musik/Kunst/ Werken/Textilgestaltung	Musik/Kunst/ Textilgestaltung	Musik/Kunst/ Textilgestaltung
Religionslehre	Religionslehre	Religionslehre
Sport	Sport	Sport

Tabelle 2 nun ermöglicht eine Übersicht über die Entwicklung der Herkunft der Schülerschaft der Jahrgangsstufe 11 des Gymnasiums aus den verschiedenen Schulformen der Sekundarstufe I für den Zeitraum von 1977 bis 1980.

Aus dieser Übersicht wird deutlich, daß die Anteile über diesen Zeitraum relativ konstant bleiben: ca. 83 % stammen aus dem Gymnasium, ca. 12 % aus der Realschule, ca. 3 - 4 % aus der Hauptschule und ca. 1 % aus sonstigen Schulformen.

Tab. 2 Herkunft der Schüler in der Jahrgangsstufe 11 des Gymnasiums

SCHULFORM	1977 N	1977 %	1978 N	1978 %	1979 N	1979 %	1980 N	1980 %
Hauptschule	1.523	3,2	1.942	3,3	2.308	3,4	2.541	3,6
Realschule	5.656	12,0	6.549	11,1	7.865	11,5	9.013	12,7
Gymnasium	39.345	83,5	49.760	84,7	57.902	84,5	59.194	83,1
sonstige Schulformen	584	1,2	501	0,9	426	0,6	478	0,7
INSGESAMT	47.108	100,0	58.752	100,0	68.501	100,0	71.226	100,0

Quelle: Antwort der Landesregierung vom 5.3.81 auf die Kleine Anfrage Nr. 174, Drucksache 9/394

2. UNTERSUCHUNGSANSATZ, BESCHREIBUNG DER STICHPROBE UND METHODISCHES VORGEHEN

Zu dem im vorhergehenden Abschnitt unter 1. entwickelten Problemkreis hat PÖTZSCH[9] eine Dissertation vorgelegt, in der sie die in einer Längsschnittuntersuchung erhobenen Befunde über die Entwicklung von insgesamt 618 Oberstufenschülern von deren Eintritt in die Jahrgangsstufe 11 der gymnasialen Oberstufe im Schuljahr 1977/78 bis zu ihrer Reifeprüfung im Schuljahr 1979/80 dargestellt hat.

Von dieser Ausgangsstichprobe der 618 Schüler der Jahrgangsstufe 11 der gymnasialen Oberstufe erreichten nach drei bzw. vier Jahren insgesamt 119 (58,0 %) der ehemaligen Hauptschüler (HS), 158 (77,8 %) der ehemaligen Realschüler (RS) und 184 (87,6 %) der ehemaligen "grundständigen" Gymnasiasten das Abitur, insgesamt also 461 (74,6 %). Der Unterschied zwischen den Erfolgsquoten der drei Gruppen ist nur zwischen den RS und den GY nicht signifikant, die HS weisen demgegenüber im Vergleich zu den RS und den GY eine jeweils sehr signifikant niedrigere Erfolgsquote aus.[10] (Auch hinsichtlich der im Abitur erreichten Durchschnittsnote zeigen sich zwischen den Gruppen der ehemaligen grundständigen Gymnasiasten (2,55), der ehemaligen Realschüler (2,72) und der ehemaligen Hauptschüler (2,81) Unterschiede, die zwischen HS : RS als nicht signifikant (t = 1,3), zwischen HS : GY als sehr signifikant (t = 3,5) und zwischen RS : GY als signifikant (t = 2,5) einzustufen sind.[11])

Von 448 Angehörigen der Abiturientenstichprobe PÖTZSCHs

---

9) Vgl. dazu: PÖTZSCH, I.: Das Bildungsschicksal von qualifizierten Haupt- und Realschülern in der neugestalteten gymnasialen Oberstufe - ein Vergleich mit grundständigen Gymnasiasten. Diss. Köln 1982
10) Vgl. dazu: ebd., S. 130
11) Vgl. dazu: ebd., S. 201

wurden Adressen zur Verfügung gestellt und von insgesamt
297 (66,3 %) dieser Probanden konnten - mit unterschiedlichen Beteiligungsquoten zum jeweiligen Erhebungszeitpunkt - Daten von der Grund- (1982) bis zur Abschluß-
untersuchung (Juli 1986) erfaßt werden (Tab. 3).

Zwar verschieben sich die Proportionen zwischen den drei
Gruppen von der Abiturienten-Gesamtstichprobe zur Teilstichprobe (1982-1986), die Differenzen können jedoch
nicht als sehr bedeutsam eingeschätzt werden. Auch die
Tatsache, daß die Beteiligungsquote der ehemaligen
"grundständigen" Gymnasiasten um ca. 5 % bzw. 10 % höher
liegt als die der ehemaligen Haupt- und Realschüler,
wird einen solchen Effekt nicht zeitigen. (Tab. 3)

Da sich bezüglich der Geschlechtszugehörigkeit der Probanden in Ausgangsstichprobe und Teilstichprobe - für
die Abiturientenstichprobe ist keine gesonderte Auszäh-
lung erfolgt, es ist aber anzunehmen, daß sie sich nicht
gravierend von der Ausgangsstichprobe abhebt - kein beachtenswerter Unterschied feststellen läßt (m = 54 % :
56 % bzw. w = 46 % : 44 %) und auch bezüglich der sozia-
len Herkunft - gemessen am Merkmal des Bildungsabschlus-
ses des Vaters - ein relativ hohes Maß an Übereinstimmung
beider Stichproben zu beobachten ist[12] wird davon ausge-
gangen, daß die Teilstichprobe aussagetüchtig für die
Abiturienten-Gesamtstichprobe ist. Inwieweit die Teilstichprobe wiederum repräsentativ für die Grundgesamtheit im Lande Nordrhein-Westfalen ist, kann wegen Unzu-
gänglichkeit vergleichbarer Merkmale nicht bestimmt werden.

---

12) Vgl. dazu: PÖTZSCH, I.: Das Bildungsschicksal von qualifizierten
    Haupt- und Realschülern in der neugestalteten gymna-
    sialen Oberstufe - ein Vergleich mit grundständigen
    Gymnasiasten. Diss. Köln 1982, S. 49 f.

Tab. 3 Entwicklung und zahlenmäßige Zusammensetzung der Stichproben

	GY N	GY %	RS N	RS %	HS N	HS %	GESAMT N	GESAMT %
Ausgangsstichprobe (Jahrgangsstufe 11)	210	34,0	203	32,8	205	33,2	618	100,0
Abiturienten-Stichprobe	184	39,9	158	34,3	119	25,8	461	100,0
Abiturienten-Gesamtstichprobe ("neues Projekt")	181	40,4	149	33,3	118	26,3	448	100,0
Abiturienten-Teilstichprobe/ Grund- u. Folgeuntersuchungen (1982-1986)	128	43,1 (70,7)*	91	30,6 (61,1)*	78	26,2 (66,1)*	297	100,0 (66,3)*

* % der Gesamtstichprobe "neues Projekt"

Zur Darstellung der Befunde, die mittels Fragebogen (offene, halboffene, geschlossene Fragen; Bildung von Rangplätzen etc.) erhoben worden sind, werden die einschlägigen statistischen Maßzahlen wie Mittelwerte, Streuung, Prozentwerte etc. verwendet.

Bei der Berechnung von Korrelationen finden Rangkorrelationen Berücksichtigung, da es sich jeweils um ordinal-skalierte Daten handelt.

Zur Sicherung der Ergebnisse werden Signifikanzberechnungen vorgenommen.

3. HAUPTBEFUNDE DER UNTERSUCHUNG

3.1. Studium oder Beruf - die Entscheidung nach dem Abitur

Im Rahmen der Erkundung des Verhaltens unmittelbar nach dem Abitur konnten Daten von insgesamt 297 Probanden erfaßt werden, die sich in ihrer Verteilung auf die drei Ausgangsschulformen (Hauptschule = HS; Realschule = RS; Gymnasium = GY) hinsichtlich eines aufgenommenen Studiums resp. einer angefangenen Berufsausbildung/-aufnahme nahezu proportional verteilen.

Von diesen 297 Probanden wählten 208 (70,0 %) die Aufnahme eines Studiums, 54 (18,2 %) eine berufliche Tätigkeit. Auf Bundesebene war für diesen Abiturientenjahrgang das Verhältnis von 68 : 32 gültig. Die Abweichung kann als nicht nennenswert eingestuft werden. 35 (11,8 %) waren noch unentschieden bzw. leisteten erst Wehr-/Zivildienst etc. ab.

Die drei Vergleichsgruppen unterscheiden sich hinsichtlich der Studien- bzw. Berufsaufnahme kaum voneinander, wie dies der Tab. 4 zu entnehmen ist.

Tabelle 5 zeigt, daß sich auch hinsichtlich der Wahl verschiedener Hochschultypen für das Studium kein nennenswerter Unterschied zwischen den Gruppen einstellt.

Tabelle 6 schließlich läßt erkennen, welche Studienrichtung gewählt worden ist. Aus ihr geht hervor, daß der größte Anteil der Wahlen in allen drei Gruppen auf das Lehramt entfällt. Allerdings ist sie in der Gruppe der ehemaligen HS und RS mit ca. 50 % sehr beachtenswert höher als in der Gruppe der GY mit ca. 36 %.

Auffällig ist des weiteren, daß die Wahl der mathem.-

naturwissenschaftlichen Richtung mit ca. 20 % bei den GY recht deutlich über der der RS und HS mit 8,2 % bzw. 5,7 % liegt. Andererseits heben sich die HS bei der Wahl von Jura mit 11,3 % gegenüber 7,4 % bei den GY und 6,6 % bei den RS von diesen ab. Als eher ausgeglichen können die Wahlhäufigkeiten der drei Gruppen bezüglich der Richtung Ingenieurwissenschaft und Medizin/Pharmazie gelten, während die RS zu einem beträchtlich größeren Anteil von 11,5 % Wirtschaftswissenschaften wählen als die HS mit 7,5 % und die GY mit 6,4 %.

Nimmt man eine Signifikanzprüfung der Verteilung der Wahlen vor, so ist insgesamt kein signifikanter Unterschied zu erkennen.

Die beruflichen Tätigkeitsfelder, die von den Abiturienten angestrebt werden, die kein Studium aufgenommen haben, lassen sich aus Tabelle 7 entnehmen. Sie macht deutlich, daß ein Drittel, die größte Gruppe, in Industrie und Wirtschaft tätig sein will. Gleich große Anteile, die um 10 % liegen, streben die Bereiche von Bank, Versicherung und Finanzen bzw. den Bereich der Naturwissenschaft an.

Tab. 4   Entscheidung der Angehörigen der drei Vergleichsgruppen für Studium oder Beruf nach dem Abitur

	GY		RS		HS		INSGESAMT	
	N	%	N	%	N	%	N	%
Teilnehmer an Grund- u. Folgeuntersuchungen (1982-1986)	128	43,1	91	30,6	78	26,3	297	100,0
davon Studium	94	45,2	61	29,3	53	25,5	208	100,0
davon Beruf	23	42,6	16	29,6	15	27,8	54	100,0
noch unentschieden bzw. Wehr-/Ersatzdienst etc.	11	31,4	14	40,0	10	28,6	35	100,0

Tab. 5 Verteilung der Studienwahlen auf unterschiedliche Hochschulen

Art der Hochschule	GY (N = 94)		RS (N = 61)		HS (N = 53)	
	N	%	N	%	N	%
Fachhochschule	12	14,3	5	9,3	5	11,6
Gesamthochschule	1	1,2	2	3,7	3	7,0
Kirchl. Hochschule	1	1,2	1	1,9	1	2,3
Musik-Hochschule	1	1,2	-	-	-	-
Pädagog. Hochschule	2	2,4	4	7,4	2	4,7
Universität/TH	63	75,0	39	72,2	32	74,4
Sport-Hochschule und andere	4	4,8	3	5,6	-	-
o.A.	10	-	7	-	10	-

serial-x^2 = 6,6 = ns

Tab. 6 Verteilung der Wahlen auf unterschiedliche Studiengangsrichtungen von Angehörigen unterschiedlicher schulischer Herkunft

Studiengang	GY (N = 94)		RS (N = 61)		HS (N = 53)		INSGESAMT (N = 208)	
	N	%	N	%	N	%	N	%
Lehramt	34	36,2	30	49,2	27	50,9	91	43,8
Ingenieurwiss.	12	12,8	6	9,8	6	11,3	24	11,5
Naturwiss./Mathematik	19	20,2	5	8,2	3	5,7	27	13,0
Jura	7	7,4	4	6,6	6	11,3	17	8,2
Wirtschaftswiss.	6	6,4	7	11,5	4	7,5	17	8,2
Medizin/Pharmazie	7	7,4	3	4,9	3	5,7	13	6,3
Andere	9	9,6	6	9,8	4	7,5	19	9,1

$x^2 = 19,0 = ns$

Tab. 7 Angestrebte berufliche Richtung
        von Angehörigen der drei Vergleichsgruppen

berufliche Richtung	GY N	%	RS N	%	HS N	%	INSGESAMT N	%
Verwaltung	3		-		-		3	5,6
Naturwissenschaft	4		-		2		6	11,1
Medizin	1		-		3		4	7,4
Bank, Finanzen, Versicherung	2		5		-		7	13,0
Industrie und Wirtschaft	9		5		4		18	33,3
Handwerk	2		-		3		5	9,3
Technik	-		4		1		5	9,3
Datenverarbeitung	-		1		-		1	1,9
Soziales	1		-		1		2	3,7
Polizei, Zoll	1		1		1		3	5,6
INSGESAMT	23	42,6	16	29,6	15	27,8	54	100,0

3.1.1. Motive für die Wahl von Studium und Beruf

Die Gründe, die aus der Retrospektive der Befragten für die Wahl bestimmter Studiengänge bzw. bestimmter beruflicher Tätigkeiten angegeben werden, lassen sich - gemäß des Aufbaus des verwendeten Fragebogens[13] - in den Feldern extrinsisch fachorientiert, intrinsisch fachorientiert sowie extrinsisch berufsorientiert und intrinsisch berufsorientiert strukturieren und interpretieren.

Bei den intrinsisch orientierten Motiven handelt es sich um ein mehr vom Kern der Persönlichkeit bestimmtes Verhalten, ein "inneres" Bewegtsein, das auf die Verwirklichung bedeutsamer Ziele drängt. Diese Ziele können in einer bestimmten Aufgabe oder Sache liegen, die um ihrer selbst willen gemeistert sein wollen, wie etwa die Entfaltung der eigenen Fähigkeiten. Extrinsisch gefärbte Motive hingegen sind eher solche, die ihre Anreize von "außen" her erhalten und auf die Erfüllung wirksamer Zwecke drängen, wie Streben nach Anerkennung und Besitz.

Nimmt man zunächst die "intrinsisch fachorientierte" Dimension der Motivationsstruktur bei den Studierenden in den Blick (Tab. 8), so wird deutlich, daß ihr für die Aufnahme des Studiums in allen drei Gruppen hohes Gewicht beizumessen ist. Sieht man von dem speziellen Moment "dadurch anderen Menschen zu helfen" einmal ab, so fällt keiner der verbleibenden Gliedzüge unter den Rang V. Der Aspekt der "Möglichkeit zu(r) Entwicklung persönlicher Fähigkeiten" rangiert bei den RS auf Rang I, bei den HS auf Rang II und bei den GY auf Rang III, ist also für jede Gruppe von relativ hoher Bedeutsamkeit. Dicht beieinander, wenngleich bei den GY auf Rang II und bei den RS sowie den HS auf Rang IV, findet sich von der Gewich-

---

[13] Vgl. dazu: RIES, H. - KRIESI, P.: Studienverlauf an Schweizer Hochschulen. Arbeitsberichte, Bd. 6, Aarau 1974

tung her das Moment des "wissenschaftliche(n) Interesses am Fach und seinen theoretischen Einsichten", während die "intellektuellen Anforderungen" als Anreiz für das Studium fast gleichrangig auf den Positionen IV (GY) und V (RS, HS) auftreten.

Im "intrinsisch berufsorientierten" Bereich (Tab. 9) praevaliert das Statement "besonderes Interesse an einem bestimmten Beruf" als ausschlaggebendes Moment für die Wahl des Studiums. Unter den GY und HS nimmt es den Rang I ein, unter den RS den Rang II. Als relativ hochrangig für die Studienwahl kann auch noch der Zug "Interesse an praktischer Anwendung von Theorie" eingestuft werden, für die RS und HS mit Rang III wichtiger als für die GY mit Rang V, während die "spätere berufliche Spezialisierung" und die "spätere berufliche Unabhängigkeit" (GY = VIII, RS = VII, HS = VI bzw. GY = IX, RS = VI, HS = VII) als vergleichsweise weniger gewichtig einzuschätzen sind.

Betrachtet man die "extrinsisch fachorientierte" Motivationsstruktur (Tab. 10), so ist auch hier zunächst zu sehen, daß die drei Gruppen mit ihrer Plazierung in der Regel dicht beieinander liegen. Fast ausnahmslos erfolgen hier die Einstufungen zwischen den Rängen X und XV. So ist das Moment "hohes Ansehen" für die RS (XIII) und GY (XIII) kaum wichtiger als für die HS (XIV), und auch die Studiendauer ist als wahlwirksames Kriterium fast gleichrangig (GY = XV, RS = XV, HS = XIV), während sich der "Schwierigkeitsgrad des Studienfaches" bei den HS (XIII) und den RS (XIV) nachhaltiger auswirkt als bei den GY (XVI), deren unbedeutensten Rangplatz er einnimmt. Diese letzte Position in der Rangreihe von im Motivationsprozeß für die Studienaufnahme wirkenden Faktoren nehmen bei den RS und HS "Freunde und Bekannte" ein, die dieses Studienfach bereits studieren, bei den GY taucht dieser Faktor auf Platz XIV auf.

Auch für die letzte der vier Dimensionen, für die "extrinsisch berufsorientierte" Gliedstruktur (Tab. 11), gilt zunächst wiederum der relativ hohe Grad an Übereinstimmung zwischen den drei Gruppen. In diesem cluster allerdings fällt auf, daß die GY (VII) die "Verdienstchancen", die sie sich durch die spätere akademische Berufstätigkeit erhoffen, deutlich höher ansetzen als die RS (X) und die HS (XI). Bezüglich der Faktoren "gute Aufstiegsmöglichkeiten" (GY = XI, RS = IX, HS = X), "Nachfrage" (GY = XII, RS = XII, HS = XII) und "sichere Zukunft" (GY = X, RS = XI, HS = IX) ist deutlich Übereinstimmung zu konstatieren.

Die Analyse der hier erfaßten Motivationsstruktur läßt erkennen, daß in allen drei Gruppen eher "intrinsisch" gefärbte Gliedstrukturen für die Aufnahme des Studiums von Bedeutung sind, und daß sich des weiteren zwischen den Gruppen insgesamt ein hohes Maß an Übereinstimmung erkennen läßt. Unterschiede hingegen werden sichtbar bezüglich des "Schwierigkeitsgrades des Studiums" - dieser ist für die GY nicht so bedeutsam wie für HS und RS -, des "wissenschaftlichen Interesses an dem Fach und seinen theoretischen Einsichten" - dieses ist bei den GY ausgeprägter als bei den HS und RS -, der "guten Verdienstchancen" - die Erwartungen sind bei den GY bedeutend höher als bei den RS und HS - sowie dem Streben nach "beruflicher Unabhängigkeit" - dies ist bei den RS und HS deutlich stärker gewichtet als bei den GY.

Tab. 8   Vergleich der Studienwahlmotivation
        bei den Angehörigen der drei Vergleichsgruppen;
        hier: intrinsisch fachorientierte Motivation
        – gewichtete Wertpunkte (WP) aus der Skala 0 – 6
        und Rangplatz

Gründe für die Wahl: weil –	GY (N = 84)		RS (N = 54)		HS (N = 43)	
	WP	Rang	WP	Rang	WP	Rang
mich die intellektuellen Anforderungen dieses Faches reizen	203	IV	192	V	152	V
ich glaube, dadurch später anderen Menschen helfen zu können	143	VI	170	VIII	123	VIII
ich ein wissenschaftliches Interesse an diesem Fach und seinen theoretischen Einsichten habe	229	II	211	IV	159	IV
ich in diesem Fach besondere Möglichkeiten sehe, meine persönlichen Fähigkeiten zu entwickeln	222	III	279	I	181	II

I   = höchster Rang
XVI = niedrigster Rang

Tab. 9 Vergleich der Studienwahlmotivation
bei den Angehörigen der drei Vergleichsgruppen;
hier: intrinsisch berufsorientierte Motivation
- gewichtete Wertpunkte (WP) aus der Skala 0 - 6
und Rangplatz

Gründe für die Wahl: weil -	GY (N = 84)		RS (N = 54)		HS (N = 43)	
	WP	Rang	WP	Rang	WP	Rang
ich besonderes Interesse an einem bestimmten Beruf habe	330	I	274	II	191	I
ich später beruflich unabhängig werden will	119	IX	189	VI	128	VII
ich ein besonderes Interesse an der praktischen Anwendung theoretischer Erkenntnisse habe	200	V	229	III	168	III
ich bereits vorhabe, mich auf eine bestimmte berufliche Spezialisierung vorzubereiten	139	VIII	187	VII	137	VI

I = höchster Rang
XVI = niedrigster Rang

Tab. 10 Vergleich der Studienwahlmotivation
bei den Angehörigen der drei Vergleichsgruppen;
hier: extrinsisch fachorientierte Motivation
- gewichtete Wertpunkte (WP) aus der Skala 0 - 6
und Rangplatz

Gründe für die Wahl: weil -	GY (N = 84)		RS (N = 54)		HS (N = 43)	
	WP	Rang	WP	Rang	WP	Rang
dieses Fach im Verhältnis zu anderen hohes Ansehen genießt	71	XIII	68	XIII	48	XIV
dieses Fach ein relativ kurzes Studium erlaubt	34	XV	32	XV	48	XIV
dieses Fach nicht allzu schwierig erscheint	31	XVI	49	XIV	54	XIII
Bekannte/Freunde/Verwandte bereits dieses Fach gewählt haben	37	XIV	27	XVI	46	XVI

I = höchster Rang
XVI = niedrigster Rang

Tab. 11 Vergleich der Studienwahlmotivation
bei den Angehörigen der drei Vergleichsgruppen;
hier: extrinsisch berufsorientierte Motivation
  - gewichtete Wertpunkte (WP) aus der Skala 0 - 6
    und Rangplatz

Gründe für die Wahl: weil -	GY (N = 84) WP	Rang	RS (N = 54) WP	Rang	HS (N = 43) WP	Rang
dieses Fach gute Aufstiegsmöglichkeiten verspricht	113	XI	140	IX	86	X
dieses Fach später gute Verdienstchancen eröffnet	141	VII	115	X	81	XI
die Nachfrage nach Absolventen dieses Faches groß ist	89	XII	73	XII	59	XII
dieses Studium eine sichere berufliche Zukunft verspricht	115	X	104	XI	91	IX

I = höchster Rang
XVI = niedrigster Rang

Bei den Abiturienten, die nach der Reifeprüfung eine Berufsausbildung aufgenommen haben, wurde ebenfalls eine Analyse der Motivationsstruktur vorgenommen. Die erstellten Rangplätze sowohl zwischen den vier Dimensionen als auch zwischen den drei Gruppen der ehemaligen Gymnasiasten, Realschüler und Hauptschüler streuen teilweise erheblich deutlicher als bei den Abiturienten, die nach der Reifeprüfung ein Studium aufgenommen haben.

So gilt für den Bereich der "intrinsisch fachorientierten" Berufswahl (Tab. 12), daß bei den GY und den HS der Zug dadurch "die persönlichen Fähigkeiten zu entwickeln" den Rang I einnimmt, während die RS ihn mit Platz V ganz erheblich niedriger einstufen. Gleiches Gewicht in allen drei Gruppen hingegen erfährt der Gliedzug des Anreizes durch "intellektuelle Faktoren", die zur Bewältigung der beruflichen Anforderungen notwendig sind; er nimmt die Position III ein. Während das "Interesse an diesem Beruf und seinen theoretischen Einsichten" bei den GY auf Platz VIII und bei den HS auf Platz IX erscheint, gewichten die RS diesen Faktor erst auf Rang XIV. Der altruistische Zug in dieser "intrinsisch fachorientierten" Dimension, nämlich durch die Berufswahl "anderen Menschen helfen zu können", schwankt in den Einstufungen zwischen den Rängen VII (HS, XI (GY) und XV (RS).

"Das besondere Interesse an diesem Beruf" ist in der Dimension der "intrinsisch berufsorientierten" Gliedstruktur (Tab. 13) die Seite, die von den GY und den RS mit Rang II hoch gewichtet wird, eine Ausprägung, die die HS mit Platz IV so nicht vornehmen. Relativ hoch ausgeprägt, wenn auch unterschiedlich gewichtet (HS = II; RS = IV; GY = VI) ist für die Berufswahl auch das "Interesse an der praktischen Anwendung theoretischer Erkenntnisse", während die "berufliche Spezialisierung" - ebenfalls mit unterschiedlichen Gewichten versehen (HS = VII; GY = IX; RS = X) - insgesamt etwas niedriger rangiert als die für später durch den Beruf angestrebte berufliche Unabhängigkeit (GY = X; HS = XI; RS = XII).

Für die Dimensionen der "extrinsisch fachorientierten" und der "Extrinsisch berufsorientierten" Gliedstruktur (Tab. 14 und 15) gelten fast ausnahmslos Ränge, die deutlich geringere Gewichte repräsentieren als die, die für die intrinsisch gefärbten Dimensionen Gültigkeit besitzen.

So ist im Rahmen der "extrinsisch fachorientierten" Gliedstruktur (Tab. 14) zu erkennen, daß die "kurze Ausbildungszeit" lediglich für die RS (VIII) von Relevanz ist, während HS (XIII) UND GY (XIV) eine nur geringe Gewichtung vergeben. Ähnliches gilt, wenngleich hier die Positionen dichter beieinander liegen (RS = XI; GY und HS = XIII), für das "höhere Ansehen" als Motiv für die Berufswahl. Daß die Berufsausbildung als "nicht allzu schwierig erschien", war für die Wahl des Berufes fast ebensowenig von Bedeutung (GY = XV; RS und HS = XVI) wie die Tatsache, daß "Bekannte/Freunde/Verwandte bereits diesen Beruf gewählt hatten".

In der "extrinsisch berufsorientierten" Gliedstruktur (Tab. 15) dominiert auf seiten der RS die "sichere Zukunft". Sie ist so hochrangig, daß ihr Platz I zufällt, während die GY und HS die Plätze IV bez. V vergeben. "Gute Verdienstchancen" sind für die GY (V) und RS (VI) sehr beachtenswert wichtiger als für die HS (XII). Mit etwa gleicher Gewichtung gehen "gute Aufstiegsmöglichkeiten" (HS = VI, GY und RS = VII) in das Motivbündel ein, während die "Nachfrage in diesem Beruf" (HS und RS = IX, GY = XII) als eher minderrang eingestuft werden kann.

Nach dem Versuch einer Zusammenschau wird deutlich, daß sich in der Motivationsstruktur der Abiturienten, die

nach dem Abitur in ein Studium eintreten, ein deutlich
höheres Maß an Gleichartigkeit zwischen den drei Gruppen
der ehemaligen Haupt- und Realschüler sowie der ehemaligen grundständigen Gymnasiasten zu beobachten ist als
bei denjenigen erfolgreichen Absolventen der gymnasialen
Oberstufe, die eine berufliche Tätigkeit aufgenommen haben. Bei den Studierenden prävalieren überdies die eher
"intrinsisch" gefärbten Motivationszüge deutlicher als
in der Gruppe der Berufstätigen, die zusätzlich bezüglich der drei Gruppen recht uneinheitliche Züge erkennen
lassen.

Tab. 12 Vergleich der zur Berufswahl führenden Motivationsstruktur
bei den Angehörigen der drei Vergleichsgruppen;
hier: intrinsisch fachorientierte Motivation
– gewichtete Wertpunkte (WP) aus der Skala 0 – 6
und Rangplatz

Gründe für die Wahl: weil –	GY (N = 23) WP	Rang	RS (N = 16) WP	Rang	HS (N = 15) WP	Rang
mich die Anforderungen dieses Berufes reizen	85	III	52	III	60	III
ich glaube, dadurch später anderen Menschen helfen zu können	46	XI	17	XV	35	VII
ich ein wissenschaftliches Interesse an diesem Beruf und seinen theoretischen Einsichten habe	61	VIII	22	XIV	34	IX
ich in diesem Beruf besondere Möglichkeiten sehe, meine persönlichen Fähigkeiten zu entwickeln	91	I	50	V	70	I

I = höchster Rang
XVI = niedrigster Rang

Tab. 13   Vergleich der zur Berufswahl führenden Motivationsstruktur
          bei den Angehörigen der drei Vergleichsgruppen;
          hier: intrinsisch berufsorientierte Motivation
               - gewichtete Wertpunkte (WP) aus der Skala 0 - 6
                 und Rangplatz

Gründe für die Wahl: weil -	GY (N = 23) WP	Rang	RS (N = 16) WP	Rang	HS (N = 15) WP	Rang
ich besonderes Interesse an diesem bestimmten Beruf habe	90	II	53	II	57	IV
ich später beruflich unabhängig werden will	47	X	29	XII	32	XI
ich ein besonderes Interesse an der praktischen Anwendung theoretischer Erkenntnisse habe	72	VI	51	IV	68	II
ich vorhabe, mich auf eine bestimmte berufliche Spezialisierung vorzubereiten	54	IX	35	X	35	VII

I   = höchster Rang
XVI = niedrigster Rang

Tab. 14 Vergleich der zur Berufswahl führenden Motivationsstruktur
bei den Angehörigen der drei Vergleichsgruppen;
hier: extrinsisch fachorientierte Motivation
  - gewichtete Wertpunkte (WP) aus der Skala 0 - 6
    und Rangplatz

Gründe für die Wahl: weil -	GY (N = 23) WP	GY Rang	RS (N = 16) WP	RS Rang	HS (N = 15) WP	HS Rang
dieser Beruf im Verhältnis zu anderen höheres Ansehen genießt	31	XIII	32	XI	14	XIII
dieser Beruf eine relativ kurze Ausbildungszeit hat	30	XIV	37	VIII	14	XIII
diese Berufsausbildung nicht allzu schwierig erscheint	28	XV	15	XVI	10	XVI
Bekannte / Freunde / Verwandte bereits diesen Beruf gewählt haben	21	XVI	27	XIII	12	XV

I   = höchster Rang
XVI = niedrigster Rang

Tab. 15 Vergleich der zur Berufswahl führenden Motivationsstruktur
bei den Angehörigen der drei Vergleichsgruppen;
hier: extrinsisch berufsorientierte Motivation
- gewichtete Wertpunkte (WP) aus der Skala 0 - 6
und Rangplatz

Gründe für die Wahl: weil -	GY (N = 23) WP	Rang	RS (N = 16) WP	Rang	HS (N = 15) WP	Rang
dieser Beruf gute Aufstiegs- möglichkeiten verspricht	68	VII	47	VII	41	VI
dieser Beruf später gute Verdienstchancen eröffnet	77	V	49	VI	26	XII
die Nachfrage in diesem Beruf groß ist	43	XII	36	IX	34	IX
dieser Beruf eine sichere Zukunft verspricht	79	IV	59	I	42	V

I = höchster Rang
XVI = niedrigster Rang

3.2. Die Entfaltung der Studierfähigkeit durch die neugestaltete gymnasiale Oberstufe - Retrospektive der Absolventen mit unterschiedlichem schulischen Schicksal

Die "Vereinbarung zur Neugestaltung der gymnasialen Oberstufe in der Sekundarstufe II" wurde von der Ständigen Konferenz der Kultusminister der Länder in der Bundesrepublik Deutschland 1972 beschlossen.[14] Sie löste die 1960 verabschiedete "Rahmenvereinbarung zur Ordnung des Unterrichts auf der Oberstufe des Gymnasiums" ab. An richtungweisenden Empfehlungen zur Umstrukturierung der Oberstufe des Gymnasiums in die 72er Gestalt lagen der KMK eine Vielzahl von Vorschlägen vor, u.a. die der Westdeutschen Rektorenkonferenz und des Deutschen Bildungsrates. Entgegen anderslautender Vorschläge des Bildungsrates hielt die KMK am Abitur als dem Ausweis der "allgemeinen Hochschulreife" fest, der Berechtigung, in allen Fachgebieten an wissenschaftlichen Hochschulen ein Studium aufzunehmen.

Neben mannigfaltigen anderen Begründungsgesichtspunkten für die Durchführung dieser Reform ist auch das Moment von "mehr Chancengleichheit" ein bedeutsamer Aspekt gewesen, der seine Repräsentanz u.a. in der Ausweitung des Fächerkanons, der Gleichwertigkeit der Fächer und des Wahlprinzips (unter Beibehaltung unerläßlicher Pflichtbindungen) nach "Begabung und Neigung" gefunden hat.

Diese Neustruktur mit der Möglichkeit, daß eine Vielzahl unterschiedlicher "Abiturprofile" zum gleichen Ziel, der allgemeinen Hochschulreife, führen, kann für den nordrhein-westfälischen Kultusminister "Aufforderungscharakter" ge-

---

14) Vgl. dazu: Ständige Konferenz der Kultusminister der Länder in der Bundesrepublik Deutschland: Vereinbarung zur Neugestaltung der gymnasialen Oberstufe in der Sekundarstufe II vom 7. Juli 1972. Neuwied 1972

habt haben, Schülern mit unterschiedlichen Eintrittsvoraussetzungen Zugang in die gymnasiale Oberstufe und dadurch die Chance zum Abitur und Studium zu eröffnen.

Ob die neugestaltete Oberstufe den drei Gruppen mit diesen unterschiedlichen Eintrittsvoraussetzungen - den grundständigen Gymnasiasten, den ehemaligen Real- und Hauptschülern - "gleiche Chancen" bietet, kann über ihre Effizienz - Erfolgsquoten, Abiturdurchschnittsnoten - hinaus zunächst daran ermessen werden, wie ihre Wirkungen in bestimmten Teilbereichen sich den Angehörigen dieser drei Gruppen aus der Retrospektive und auf der Basis eines ca. 6-semestrigen Studiums darstellen.

(Die Gruppe der Absolventen, die nach dem Abitur eine Berufsausübung angetreten haben, findet nur punktuell Berücksichtigung.)

3.2.1. Auflösung der Jahrgangsklasse und des verbindlichen Fächerkanons - Herzstück der Reform

Als weitestreichende Veränderungen im Rahmen dieser Reformmaßnahmen können die Auflösung der Einheit der Jahrgangsklasse und des traditionellen Fächerkanons angesehen werden. Sie haben als strukturelle Voraussetzungen zur Verwirklichung der neugesetzten Ziele schlechthin zu gelten.

Wird danach gefragt, wie sich das Kurssystem aus der Rückschau in der Befragungssituation ausgewirkt habe, so ergeben sich die in den Tabellen 16 - 19 dargestellten Befunde.

Vergleicht man hier zunächst die Auswirkungen in den beiden Gruppen (Tab. 16) - den Studierenden einerseits und den Berufstätigen andererseits -, so stellt sich als Ergebnis ein, daß in der Einschätzung des Kurssystems der beiden Gruppen aufs Ganze gesehen kein nennenswerter Unterschied zu beobachten ist. Gleichwohl erstaunt, daß die Berufstätigen mit fast 47 %, gegenüber 37 %, eine eher positive Bewertung vornehmen. Allerdings sind unter ihnen auch 20 %, gegenüber 12 %, die das Kurssystem aus ihrer persönlichen Erfahrung als eher negativ kennzeichnen.

Unterteilt man die Studierenden in die drei Gruppen der GY, RS und HS, so stellen sich auch zwischen diesen Gruppen mit unterschiedlichen Eintrittsvoraussetzungen in die gymnasiale Oberstufe keine beachtenswerten Unterschiede in der Beurteilung des Kurssystems ein, wie Tab. 17 dies ausweist. Bei der Einzelbetrachtung fällt auf, daß die GY und die HS mit je ca. 43 % eine deutliche bessere Einschätzung vornehmen als die RS, die hierfür lediglich 22,7 % vergeben und mit über 61 % eine ambivalente Einschätzung der Auswirkungen des Kurssystems erkennen lassen. Eine eher negative Charakterisierung findet man in allen drei Gruppen, und zwar um 10 %.

Diese eher generelle Würdigung der neuen Organisationsform der Oberstufe macht deutlich, daß eine wesentliche Voraussetzung für die Bewältigung der Anforderungen von den Angehörigen der drei Gruppen ähnlich gewertet wird.

Tab. 16 Einschätzung der Studierenden und Berufstätigen
zur Frage:
"Wie hat sich das Kurssystem aus Ihrer heutigen Sicht
für Sie persönlich ausgewirkt?"

Einschätzung	Studierende (N=149)		Berufstätige (N=45)	
	N	%	N	%
eher positiv	55	36,9	21	46,7
teils positiv / teils negativ	73	49,0	15	33,3
eher negativ	18	12,1	9	20,0
ich bin mir nicht sicher	3	2,0	–	–

$$x^2 = 4,2 = ns$$

Tab. 17 Einschätzung der drei Vergleichsgruppen der Studierenden hinsichtlich der Auswirkungen des Kurssystems
Frage:
"Wie hat sich das Kurssystem aus Ihrer heutigen Sicht für Sie persönlich ausgewirkt?"

Einschätzung	GY (N=73)		RS (N=44)		HS (N=32)		INSGESAMT (N=149)	
	N	%	N	%	N	%	N	%
eher positiv	31	42,5	10	22,7	14	43,8	55	36,9
teils positiv / teils negativ	33	45,2	27	61,4	13	40,6	73	49,0
eher negativ	9	12,3	6	13,6	3	9,4	18	12,1
ich bin mir nicht sicher	-	-	1	2,3	2	6,3	3	2,0

$x_s^2 = 5,8 = ns$

Die vorherige generelle Einschätzung des Kurssystems erfährt ihre nachhaltige Bestätigung auch durch die Analyse von insgesamt 18 Statements, von denen 10 eher positiven (Tab. 18) und 8 eher negativen (Tab. 19) Charakter haben. Nur bei 2 dieser 18 Vorgaben sind signifikante Unterschiede zwischen den drei Gruppen der GY, der RS und HS zu konstatieren.

Im Bereich der positiven Statements bezieht sich der signifikante Unterschied auf die "bessere Entfaltungsmöglichkeit in Gruppen, die sich aus gleich befähigten Mitschülern zusammensetzen" (Tab. 18, Nr. 4). Hier unterscheiden sich die HS offenbar von den RS und GY. Sie sind zu einem höheren Prozentsatz (15,6 %) der Meinung, daß dies für sie zutreffe, als die RS (2,3 %) und die GY (4,1 %). Überraschen muß jedoch, daß dieses Statement insgesamt die niedrigste Zustimmungsquote (6,0 %) erhalten hat. Demgegenüber erhalten die Statements 2 und 3, welche die Wahl- bzw. Abwahlmöglichkeit von Fächern zum Gegenstand haben, die höchsten Zustimmungsraten (85,2 % bzw. 76,5 %).

Im Bereich der negativ gefärbten Statements (Tab. 19) bezieht sich der signifikante Unterschied auf die Fächerwahl (Nr. 18), auf die Abwahlmöglichkeit und die spätere Einsicht einer falschen Entscheidung. Mit der diesbezüglichen Gewichtung heben sich die RS (63,6 %) deutlich von den GY (41,1 %) und den HS (31,3 %) ab. Als überraschend kann hier gelten, daß die "negativ" eingefärbten Statements in ihrer ganz überwiegenden Mehrzahl von allen drei Gruppen eine hohe Ablehnung erfahren. Eher ambivalent - ohne jedoch nennenswerte Unterschiede zwischen den drei Gruppen anzuzeigen - sind die Einschätzungen bezüglich der Konkurrenz (Nr. 15) zwischen den Schülern, die durch das Kurssystem bedingt ist, und der "Wahl- bzw. Abwahlmöglichkeiten" von Fächern zur Erreichung hoher Punktzahlen (Nr. 16).

Tab. 18   Entscheidung der drei Vergleichsgruppen der Studierenden
           zu den positiven Statements hinsichtlich des Kurssystems
           (+ = Zustimmung; o = keine Zustimmung)

Ich habe das Kurssystem der Oberstufe als positiv empfunden, denn -		GY (N=73)		RS (N=44)		HS (N=32)		INSGESAMT (N=149)	
		N	%	N	%	N	%	N	%
1. ich konnte mir die Lehrer aussuchen	+	19	26,0	19	43,2	9	28,1	47	31,5
	o	54	74,0	25	56,8	23	71,9	102	68,5
				$x_s^2 = 4,0$ = ns					
2. ich konnte Fächer auswählen, die mir liegen	+	65	89,0	36	81,8	26	81,3	127	85,2
	o	8	11,0	8	18,2	6	18,8	22	14,8
				$x_s^2 = 1,7$ = ns					
3. ich konnte Fächer abwählen, die mir nicht liegen	+	57	78,1	33	75,0	24	75,0	114	76,5
	o	16	21,9	11	25,0	8	25,0	35	23,5
				$x_s^2 = 0,2$ = ns					
4. ich konnte mich in Gruppen gleich befähigter Mitschüler besser entfalten	+	3	4,1	1	2,3	5	15,6	9	6,0
	o	70	95,9	43	97,7	27	84,4	140	94,0
				$x_s^2 = 6,8$ = s					
5. ich konnte mich in Gruppen gleich interessierter Mitschüler besser entfalten	+	12	16,4	10	22,7	12	37,5	34	22,8
	o	61	83,6	34	77,3	20	62,5	115	77,2
				$x_s^2 = 5,6$ = ns					

Forts. Tab. 18   Entscheidung der drei Vergleichsgruppen der Studierenden
                 zu den positiven Statements hinsichtlich des Kurssystems
                 (+ = Zustimmung; o = keine Zustimmung)

Ich habe das Kurssystem der Oberstufe als positiv empfunden, denn -		GY (N=73)		RS (N=44)		HS (N=32)		INSGESAMT (N=149)	
		N	%	N	%	N	%	N	%
6. ich konnte meine sozialen Fähigkeiten im Rahmen überschaubarer Kursgrößen besser entfalten	+	7	9,6	4	9,1	4	12,5	15	10,1
	o	66	90,4	40	90,9	28	87,5	134	89,9
				$x_s^2 = 0,3 = $ ns					
7. ich konnte meine sozialen Fähigkeiten durch die wechselnde Kurszusammensetzung besser entfalten	+	8	11,0	4	9,1	2	6,3	14	9,4
	o	65	89,0	40	90,9	30	93,8	135	90,6
				$x_s^2 = 0,6 = $ ns					
8. ich habe es als angenehm empfunden, daß man in den einzelnen Kursen mit anderen Schülern Kontakt hatte; ich konnte dadurch neue Bekanntschaften schließen	+	24	32,9	17	38,6	10	31,3	51	34,2
	o	49	67,1	27	61,4	22	68,8	98	65,8
				$x_s^2 = 0,6 = $ ns					
9. meine Entscheidungsfähigkeit und Selbständigkeit wurden durch die Wahlmöglichkeiten gefördert	+	25	34,2	21	47,7	15	46,9	61	40,9
	o	48	65,8	23	52,3	17	53,1	88	59,1
				$x_s^2 = 2,7 = $ ns					
10. die Leistungsbewertung des Abiturs bestand nicht mehr nur in einer punktuellen Prüfung, sondern berücksichtigte die Leistungen seit der Jahrgangsstufe 11.2	+	39	53,4	19	43,2	16	50,0	74	49,7
	o	34	46,6	25	56,8	16	50,0	75	50,3
				$x_s^2 = 1,2 = $ ns					

Tab. 19 Entscheidung der drei Vergleichsgruppen der Studierenden zu den negativen Statements hinsichtlich des Kurssystems
(+ = Zustimmung; o = keine Zustimmung)

Ich habe das Kurssystem der Oberstufe als n e g a t i v empfunden, denn -		GY (N=73) N	%	RS (N=44) N	%	HS (N=32) N	%	INSGESAMT (N=149) N	%
11. ich konnte meine Kurswünsche nicht verwirklichen, weil die Schule das Kursangebot aus organisatorischen Gründen einschränken mußte	+ o	13 60	17,8 82,2	3 41	6,8 93,2	8 24	25,0 75,0	24 125	16,1 83,9
				$x_s^2 = 4,8 =$ ns					
12. ich konnte in diesem System nie so richtig "heimisch" werden, weil es mit einem ständigen Wechsel verbunden war	+ o	8 65	11,0 89,0	3 41	6,8 93,2	4 28	12,5 87,5	15 134	10,1 89,9
				$x_s^2 = 0,8 =$ ns					
13. ich hatte das Gefühl, daß die Oberstufenlehrer für uns Schüler keine "Bezugspersonen" mehr waren	+ o	17 56	23,3 76,7	18 26	40,9 59,1	8 24	25,0 75,0	43 106	28,9 71,1
				$x_s^2 = 4,5 =$ ns					
14. ich hatte das Gefühl, daß die Auflösung des Klassenverbandes zu Vereinsamung von Schülern führte	+ o	21 52	28,8 71,2	16 28	36,4 63,6	5 27	15,6 84,4	42 107	28,2 71,8
				$x_s^2 = 4,0 =$ ns					

Forts. Tab. 19   Entscheidung der drei Vergleichsgruppen der Studierenden
                 zu den negativen Statements hinsichtlich des Kurssystems
                 (+ = Zustimmung; o = keine Zustimmung)

Ich habe das Kurssystem der Oberstufe als negativ empfunden, denn		GY (N=73)		RS (N=44)		HS (N=32)		INSGESAMT (N=149)	
		N	%	N	%	N	%	N	%
15. ich hatte das Gefühl, daß das Kurssystem zu stärkerer Konkurrenz zwischen den Schülern führte	+	29	39,7	21	47,7	15	46,9	65	43,6
	o	44	60,3	23	52,3	17	53,1	84	56,4
				$x_s^2 = 0,9$ = ns					
16. ich konnte feststellen, daß die Punktbewertung der Grund- und Leistungskurse im Verhältnis 1:3 zu unangemessener "Wahl-" bzw. "Abwahlmentalität" geführt hat, um eine möglichst hohe Punktzahl zu erreichen	+	38	52,1	24	54,5	14	43,8	76	51,0
	o	35	47,9	20	45,5	18	56,3	73	49,0
				$x_s^2 = 0,9$ = ns					
17. es kam in den Leistungskursen zu einer sehr starken Spezialisierung	+	15	20,5	14	31,8	4	12,5	33	22,1
	o	58	79,5	30	68,2	28	87,5	116	77,9
				$x_s^2 = 4,2$ = ns					
18. ich wählte Fächer ab, deren Bedeutung mir erst nach Abschluß der Schullaufbahn klar wurde	+	30	41,1	28	63,6	10	31,3	68	45,6
	o	43	58,9	16	36,4	22	68,8	81	54,4
				$x_s^2 = 9,0$ = s					

Die aus der Auflösung des traditionellen Fächerkanons resultierende Wahl- bzw. Abwahlmöglichkeit findet grundsätzlich - wie dies aus Tabelle 20 hervorgeht - eine eher nur geteilte Zustimmung. 47 % der Angehörigen aller drei Gruppen nehmen eine ambivalente Einschätzung vor, etwa 37 % jedoch urteilen eher positiv und lediglich 13 % beziehen eine eher negative Position bezüglich dieser strukturellen Veränderung gegenüber dem herkömmlichen Gefüge der Oberstufe. Zwischen den drei Gruppen der GY, der HS und RS treten in der Klassifizierung keine nennenswerten Differenzen auf.

Dieses relativ einheitliche Bild der drei Gruppen aus der generellen Einschätzung zeigt sich auch in den 16 Einzelstatements, mit deren Hilfe Gliedstrukturen oder auch nur einzelne Züge, die mit dieser gravierenden Veränderung im Zusammenhang gesehen werden müssen, erfaßt werden sollen (Tab. 21 und 22).

Insgesamt stellt sich nur ein beachtenswerter Unterschied ein, und zwar in der Sichtweise des "2 : 1 Verhältnisses" von Pflicht- und Wahlbereich (Nr. 3). Hierbei fällt auf, daß zwischen den GY und den HS die größten Diskrepanzen zu beobachten sind. So sind die GY zu fast 30 % der Überzeugung, daß der Pflichtbereich zu kurz kommt, gegenüber etwa 10 % bei den HS, während andererseits die HS zu 25 % davon ausgehen, daß der Wahlbereich zu kurz kommt, gegenüber 5 % bei den GY.

Tab. 20   Beurteilung der drei Vergleichsgruppen der Studierenden
           hinsichtlich individueller Wahlmöglichkeiten
           Frage:
           "Wie beurteilen Sie die Auflösung des verbindlichen Fächerkanons
           in der Oberstufe zugunsten individueller Wahlmöglichkeiten?"

Beurteilung	GY (N=73)		RS (N=44)		HS (N=32)		INSGESAMT (N=149)	
	N	%	N	%	N	%	N	%
eher positiv	30	41,1	10	22,7	15	46,9	55	36,9
teils positiv / teils negativ	32	43,8	25	56,8	13	40,6	70	47,0
eher negativ	11	15,1	6	13,6	3	9,4	20	13,4
ich bin mir nicht sicher	-	-	2	4,5	1	3,1	3	2,0
o.A.	-	-	1	2,3	-	-	1	0,7

$x_s^2 = 5,4 = ns$

Tab. 21   Beurteilung der drei Vergleichsgruppen der Studierenden
           hinsichtlich der Gestaltung der Wahlmöglichkeiten

Beurteilung	GY (N=73) N	%	RS (N=44) N	%	HS (N=32) N	%	INSGESAMT (N=149) N	%
stimmt	38	52,1	19	43,2	16	50,0	73	49,0
stimmt teilweise	25	34,2	19	43,2	11	34,4	55	36,9
stimmt nicht	10	13,7	5	11,4	5	15,6	20	13,4
o.A.	–	–	1	2,3	–	–	1	0,7

Frage 1:
"Die Gruppierung der Fächer zu drei Aufgabenfeldern betrachte ich als unerläßlich"

$$x_s^2 = 1,4 = ns$$

Beurteilung	GY N	%	RS N	%	HS N	%	INSGESAMT N	%
stimmt	53	72,6	33	75,0	25	78,1	111	74,5
stimmt teilweise	15	20,5	11	25,0	6	18,8	32	21,5
stimmt nicht	3	4,1	–	–	1	3,1	4	2,7
o.A.	2	2,7	–	–	–	–	2	1,3

Frage 2:
"Die Verpflichtung, Fächer aus allen drei Aufgabenfeldern zu wählen, ist sinnvoll"

$$x_s^2 = 0,3 = ns$$

Forts. Tab. 21 Beurteilung der drei Vergleichsgruppen der Studierenden hinsichtlich der Gestaltung der Wahlmöglichkeiten

Beurteilung	GY (N=73) N	%	RS (N=44) N	%	HS (N=32) N	%	INSGESAMT (N=149) N	%

Frage 3:
"Das Verhältnis von Pflicht- und Wahlbereich (2 : 1) sehe ich als förderlich an"

	GY N	%	RS N	%	HS N	%	INSG. N	%
stimmt	21	28,8	16	36,4	13	40,6	50	33,6
stimmt teilweise	22	30,1	13	29,5	6	18,8	41	27,5
stimmt nicht, der Pflichtbereich kommt zu kurz	21	28,8	6	13,6	3	9,4	30	20,1
stimmt nicht, der Wahlbereich kommt zu kurz	4	5,5	6	13,6	8	25,0	18	12,1
o.A.	5	6,8	3	6,8	2	6,3	10	6,7

$x_S^2 = 14,8 = s$

Frage 4:
"Die Anzahl der Wochenstunden für die Grundkurse (zwei- bzw. dreistündig) erscheint mir angemessen"

	GY N	%	RS N	%	HS N	%	INSG. N	%
stimmt	48	65,8	27	61,4	17	53,1	92	61,7
stimmt teilweise	19	26,0	13	29,5	10	31,3	42	28,2
stimmt nicht	5	6,8	4	9,1	3	9,4	12	8,1
o.A.	1	1,4	-	-	2	6,3	3	2,0

$x_S^2 = 1,0 = ns$

Forts. Tab. 21 Beurteilung der drei Vergleichsgruppen der Studierenden hinsichtlich der Gestaltung der Wahlmöglichkeiten

Beurteilung	GY (N=73)		RS (N=44)		HS (N=32)		INSGESAMT (N=149)	
	N	%	N	%	N	%	N	%

Frage 5:
"Die Anzahl der Wochenstunden für Leistungskurse (fünf- bzw. sechsstündig) erscheint mir angemessen"

stimmt	52	71,2	39	88,6	25	78,1	116	77,9
stimmt teilweise	8	11,0	2	4,5	3	9,4	13	8,7
stimmt nicht, es müßten mehr Stunden sein	6	8,2	1	2,3	2	6,3	9	6,0
stimmt nicht, es müßten weniger Stunden sein	6	8,2	2	4,5	1	3,1	9	6,0
o.A.	1	1,4	-	-	1	3,1	2	1,3

$$x_s^2 = 5,1 = ns$$

Frage 6:
"Die Anzahl der Leistungskurse (in fast allen Bundesländern zwei) erscheint mir angemessen"

stimmt	57	78,1	32	72,7	23	71,9	112	75,2
stimmt teilweise	5	6,8	2	4,5	5	15,6	12	8,1
stimmt nicht, es müßten mehr Leistungskurse sein	5	6,8	9	20,5	4	12,5	18	12,1
stimmt nicht, es müßten weniger Leistungskurse sein	2	2,7	1	2,8	-	-	3	2,0
o.A.	4	5,5	-	-	-	-	4	2,7

$$x_s^2 = 7,1 = ns$$

Forts. Tab. 21 Beurteilung der drei Vergleichsgruppen der Studierenden hinsichtlich der Gestaltung der Wahlmöglichkeiten

Beurteilung	GY (N=73) N	%	RS (N=44) N	%	HS (N=32) N	%	INSGESAMT (N=149) N	%
Frage 7: "Die zeitlich begrenzte Themenbestimmung pro Kurs war vorteilhaft"								
stimmt	28	38,4	11	25,0	11	34,4	50	33,6
stimmt teilweise	30	41,1	21	47,7	16	50,0	67	45,0
stimmt nicht	12	16,4	10	22,7	4	12,5	26	17,4
o.A.	3	4,1	2	4,5	1	3,1	6	4,0
			$x_s^2 = 3,2 = $ ns					
Frage 8: "Die Themenfolge war sinnvoll aufeinander abgestimmt"								
stimmt	18	24,7	10	22,7	9	28,1	37	24,8
stimmt teilweise	39	53,4	25	56,8	18	56,3	82	55,0
stimmt nicht	16	21,9	9	20,5	3	9,4	28	18,8
o.A.	-	-	-	-	2	6,3	2	1,3
			$x_s^2 = 2,2 = $ ns					

Tab. 22   Beurteilung der drei Vergleichsgruppen der Studierenden
          hinsichtlich der Ziele der Differenzierung

Beurteilung	GY (N=73)		RS (N=44)		HS (N=32)		INSGESAMT (N=149)	
	N	%	N	%	N	%	N	%

Frage 1:
"In den Grundkursen ist exemplarisches Vorgehen sowie didaktische Reduktion und Elementarisierung verwirklicht worden"

stimmt	10	13,7	9	20,5	9	28,1	28	18,8
stimmt teilweise	49	67,1	27	61,4	18	56,3	94	63,1
stimmt nicht	12	16,4	6	13,6	3	9,4	21	14,1
o.A.	2	2,7	2	4,5	2	6,3	6	4,0

$x_S^2 = 3,8 =$ ns

Frage 2:
"In den Leistungskursen ist eine vertiefte wissenschaftspropädeutische Ausbildung sowie eine systematischere, umfassendere und komplexere Fachdarstellung als in den Grundkursen realisiert worden"

stimmt	42	57,5	29	65,9	17	53,1	88	59,1
stimmt teilweise	25	34,2	11	25,0	9	28,1	45	30,2
stimmt nicht	6	8,2	3	6,8	4	12,5	13	8,7
o.A.	-	-	1	2,3	2	6,3	3	2,0

$x_S^2 = 2,1 =$ ns

Forts. Tab. 22 Beurteilung der drei Vergleichsgruppen der Studierenden hinsichtlich der Ziele der Differenzierung

Beurteilung	GY (N=73)		RS (N=44)		HS (N=32)		INSGESAMT (N=149)	
	N	%	N	%	N	%	N	%

Frage 3:
"In den Grundkursen ist die Einführung in fundamentale Arbeitstechniken und Methoden gelungen"

stimmt	12	16,4	9	20,5	6	18,8	27	18,1
stimmt teilweise	40	54,8	27	61,4	23	71,9	90	60,4
stimmt nicht	21	28,8	7	15,9	1	3,1	29	19,5
o.A.	-	-	1	2,3	2	6,3	3	2,0

$x_s^2 = 9,3 = $ ns

Frage 4:
"In den Leistungskursen wurde Methodenreflexion und Methodenvergleich betrieben"

stimmt	18	24,7	15	34,1	10	31,3	43	28,9
stimmt teilweise	38	52,1	15	34,1	14	43,8	67	45,0
stimmt nicht	15	20,5	14	31,8	6	18,8	35	23,5
o.A.	2	2,7	-	-	2	6,3	4	2,7

$x_s^2 = 4,7 = $ ns

Forts. Tab. 22 Beurteilung der drei Vergleichsgruppen der Studierenden
hinsichtlich der Ziele der Differenzierung

Beurteilung	GY (N=73)		RS (N=44)		HS (N=32)		INSGESAMT (N=149)	
	N	%	N	%	N	%	N	%

Frage 5:
"In den Leistungskursen wurden Transferbedingungen und -möglichkeiten thematisiert und erprobt"

stimmt	17	23,3	12	27,3	12	37,5	41	27,5
stimmt teilweise	40	54,8	19	43,2	11	34,4	70	47,0
stimmt nicht	10	13,7	9	20,5	6	18,8	25	16,8
o.A.	6	8,2	4	9,1	3	9,4	13	8,7

$$x_S^2 = 4,7 = ns$$

Frage 6:
"Das Anspruchsniveau in den Grundkursen war gering"

stimmt	11	15,1	8	18,2	6	18,8	25	16,8
stimmt teilweise	30	41,1	23	52,3	13	40,6	66	44,3
stimmt nicht	32	43,8	12	27,3	11	34,4	55	36,9
o.A.	-	-	1	2,3	2	6,3	3	2,0

$$x_S^2 = 3,2 = ns$$

Forts. Tab. 22 Beurteilung der drei Vergleichsgruppen der Studierenden hinsichtlich der Ziele der Differenzierung

Beurteilung	GY (N=73) N	GY %	RS (N=44) N	RS %	HS (N=32) N	HS %	INSGESAMT (N=149) N	%
Frage 7: "Das Anspruchsniveau in den Leistungskursen war zu hoch"								
stimmt	3	4,1	2	4,5	3	9,4	8	5,4
stimmt teilweise	15	20,5	11	25,0	10	31,3	36	24,2
stimmt nicht	55	75,3	31	70,5	17	53,1	103	69,1
o.A.	–	–	–	–	2	6,3	2	1,3
			$x_s^2 = 3,9 = ns$					
Frage 8: "Das Kurssystem garantiert ein ausgewogenes Maß an Grundbildung und Spezialisierung"								
stimmt	11	15,1	4	9,1	2	6,3	17	11,4
stimmt teilweise	15	20,5	11	25,0	13	40,6	39	26,2
stimmt nicht, die Grundbildung kommt zu kurz	45	61,6	28	63,6	12	37,5	85	57,0
stimmt nicht, die Spezialisierung kommt zu kurz	–	–	–	–	2	6,3	2	1,3
o.A.	2	2,7	1	2,3	3	9,4	6	4,0
			$x_s^2 = 8,1 = ns$					

Dieser außerordentlich hohe Grad an Übereinstimmung zwischen den drei Gruppen, wie er exemplarisch an diesem "Herzstück" der Reform aufgezeigt werden konnte, findet sich in gleicher Ausprägung in einer Vielzahl weiterer (mit Fragebogen erfaßter) Dimensionen der Reform, auf deren (breiter) Darstellung jedoch wegen der Einheitlichkeit der Aussage verzichtet wird.

Letztlich geht die Gesamteinschätzung der Funktionstüchtigkeit der reformierten Oberstufe im Hinblick auf die Entfaltung der allgemeinen Hochschulreife bei den Absolventen, so wie sich diese auf der Basis ihrer Studienerfahrung darstellt, aus Tabelle 23 hervor.

Auch dort wird sichtbar, daß die Einstufung dieser Funktionstüchtigkeit auf der sechsstufigen Notenskala keine signifikanten Unterschiede zwischen den Angehörigen der drei Gruppen sichtbar werden läßt. Über die Gruppen hinweg gilt, daß etwa 60 % die Noten sehr gut bis befriedigend vergeben, während ca. 40 % eine Klassifizierung über die Noten ausreichend bis ungenügend vornehmen. (Im Rahmen einer bundesweiten Repräsentativ-Erhebung, die an insgesamt 6.957 Abiturienten des gleichen Jahrgangs 1979/80 mit Hilfe des gleichen Fragebogens durchgeführt wurde, zeigte sich, daß von den Befragten, die bis zum Untersuchungszeitpunkt im Durchschnitt 5 Semester studiert hatten, etwa 60 % die Noten sehr gut bis befriedigend und etwa 40 % die Noten ausreichend bis ungenügend vergeben hatten.[15]).

---

15) Vgl. dazu: HITPASS, J.: Reformierte Oberstufe - besser als ihr Ruf? St. Augustin 1985, S. 89

Tab. 23   Bewertung der drei Vergleichsgruppen der Studierenden
          bezüglich der Struktur der Oberstufe
          Frage:
          "Wie beurteilen Sie nun ganz allgemein die Struktur
          der gymnasialen Oberstufe bezüglich ihres Auftrags, die all-
          gemeine Hochschulreife ihrer Absolventen zu entfalten?"

Bewertung	GY (N=73)		RS (N=44)		HS (N=32)		INSGESAMT (N=149)	
	N	%	N	%	N	%	N	%
sehr gut	1	1,4	-	-	-	-	1	0,7
gut	15	20,5	9	20,5	7	21,9	31	20,8
befriedigend	24	32,9	19	43,2	17	53,1	60	40,3
ausreichend	17	23,3	8	18,2	2	6,3	27	18,1
mangelhaft	13	17,8	7	15,9	2	6,3	22	14,8
ungenügend	2	2,7	-	-	1	3,1	3	2,0
o.A.	1	1,4	1	2,3	3	9,4	5	3,4

$x_S^2 = 7,7 = $ **ns**

3.3. Die Bewährung von Abiturienten mit verschiedenartigem schulischen Schicksal im Studium

Die bisherige Befundlage hat erkennen lassen, daß die Schüler, die mit ungleichartigem schulischen Schicksal, nämlich nach qualifiziertem Besuch der Klasse 10 der Haupt- oder Realschule sowie nach erfolgreichem Abschluß der Klasse 10 des Gymnasiums in die neugestaltete gymnasiale Oberstufe eingetreten sind, diese Stufe mit unterschiedlichem Erfolg durchlaufen haben. So erreichen von den GY = 87,6 %, von den RS = 77,8 % und von den HS = 58,0 % das Abitur, wobei die Qualität ihrer Reifeprüfung sich in den Durchschnittsnoten 2,55 (GY) bzw. 2,72 (RS) bzw. 2,81 (HS) repräsentiert.

Die Absolventen aller drei Gruppen kommen aus der Retrospektive ihrer Studienerfahrungen trotz ungleichartiger Voraussetzungen zu einer ganz überwiegend einheitlichen Beurteilung der Funktionstüchtigkeit der gymnasialen Oberstufe.

Nun ist der Frage nachzugehen, wie sich die Angehörigen dieser Gruppen im Studium bewähren. Zu einer solchen Überprüfung, die gleichzeitig auch eine Kontrolle der Reform des Zugangs zur Oberstufe durch andere Qualifikationen als die der traditionellen alleinigen Eintrittschance aus der Klasse 10 des Gymnasiums darstellt, werden Kriterien des Studienverlaufs und Studienerfolgs herangezogen.

Tabelle 24 gibt zunächst einmal eine Übersicht über die Anzahl der Semester, die von den Angehörigen der drei Gruppen bis zum letzten Erhebungszeitpunkt im SS 1986 absolviert wurden. Sie macht deutlich, daß die Dauer zwischen 8 und 12 Semestern streut, die meisten haben 12 Semester studiert, der Durchschnittswert liegt bei 10,5. Der Vergleich der drei Gruppen untereinander läßt keinen Unterschied in der Studiendauer erkennen.

Tab. 24   Beginn des Studiums
           der Angehörigen der drei Vergleichsgruppen

Studienbeginn	GY (N=75) N	GY (N=75) %	RS (N=45) N	RS (N=45) %	HS (N=34) N	HS (N=34) %	INSGESAMT (N=154) N	INSGESAMT (N=154) %
WS 1980/81	37	49,3	21	46,7	14	41,2	72	46,8
SS 1981	6	8,0	5	11,1	2	5,9	13	8,4
WS 1981/82	20	26,7	13	28,9	10	29,4	43	27,9
SS 1982 u. WS 1982/83	10	13,3	3	6,7	7	20,6	20	13,0
ab SS 1983	2	2,7	2	4,4	1	2,9	5	3,2
o.A.	-	-	1	2,2	-	-	1	0,6

GY : RS: $x^2 = 1,8 =$ ns
GY : HS: $x^2 = 1,3 =$ ns
RS : HS: $x^2 = 3,8 =$ ns

Zu den sogenannten "weichen" Kriterien des Studienverlaufes und Studienerfolgs wird der Fachwechsel gerechnet, für dessen Vollzug es die unterschiedlichsten Gründe geben kann.

Aus der einschlägigen jüngeren Literatur nun ist bekannt, daß der Fachwechsel relativ früh vollzogen wird. So berichten KAZEMZADEH-SCHAEPER[16] - ebenfalls aus einer Stichprobe von 6.000 Studierenden mit einer Berechtigung aus dem Jahre 1980 -, daß bis 2 Jahre nach Studienaufnahme 16 % den Studiengang gewechselt hatten und weitere 8 % noch einen Wechsel beabsichtigten. Aus einer eigenen Untersuchung[17], in die - wie bei KAZEMZADEH-SCHAEPER - Studenten mit einer Zugangsberechtigung aus dem Jahre 1980 einbezogen waren, und zwar N = 6.957, ist zu ersehen, daß nach 2 Jahren insgesamt 18,3 % einen Wechsel vorgenommen hatten.

Für die hier zu behandelnde Stichprobe - wiederum mit einer Zugangsberechtigung aus dem Jahre 1980 - gilt, daß insgesamt 21,5 % im Verlaufe der durchschnittlich 10,5 Semester betragenden Studienzeit ihr Studienfach gewechselt haben. Zwischen den drei Gruppen der GY, RS und HS jedoch stellen sich hinsichtlich dieses Merkmals keine Unterschiede ein, wie Tabelle 25 dies erkennen läßt.

Als "hartes" Kriterium für den Studienverlauf und Studienerfolg gilt das Merkmal des Studienabbruchs. Aus einschlägigen Längsschnittuntersuchungen ist bekannt, daß die Quote derer, die ihr Studium aufgeben, um 15 % liegt.[18]

---

16) Vgl. dazu: KAZEMZADEH, F. - SCHAEPER, H.: Fachspezifische Studienprofile. Manuskript Hochschul-Informations-System, Hannover, August 1983

17) Vgl. dazu: HITPASS, J.: Reformierte Oberstufe - besser als ihr Ruf? St. Augustin 1985, S. 97

18) Vgl. dazu: HITPASS, J. - OHLSSON, R. - THOMAS, E.: Studien- und Berufserfolg von Hochschulabsolventen mit unterschiedlichen Studieneingangsvoraussetzungen. Opladen 1984, S. 7

Tab. 25 Fachwechsel der Angehörigen der drei Vergleichsgruppen

Fachwechsel	GY (N=73)		RS (N=44)		HS (N=32)		INSGESAMT (N=149)*	
	N	%	N	%	N	%	N	%
nein	57	78,1	32	72,7	23	71,9	112	75,2
ja	15	20,5	9	20,5	8	25,0	32	21,5
o.A.	1	1,4	3	6,8	1	3,1	5	3,3

$x_s^2 = 0,3 = ns$

* Die Gruppe von N = 149 besteht aus denjenigen Studenten, deren Studienschicksal bis Ende SS 1986 beobachtet werden konnte.

Der Tabelle 26 kann entnommen werden, daß von den Angehörigen der drei Gruppen insgesamt 31,5 % im Verlaufe ihres Studiums Erwägungen darüber angestellt haben, das Studium aufgeben zu wollen. Die Anteile zwischen den drei Gruppen sind nicht signifikant unterschiedlich.

Vergleicht man jedoch die tatsächlichen Quoten, wie sie aus Tabelle 27 hervorgehen, so werden nach der durchschnittlichen Studienzeit von ca. 10,5 Semestern doch erhebliche Unterschiede zwischen den GY einerseits und den RS sowie den HS sichtbar. Zunächst zeigt sich, daß sich die Gesamtquote über alle drei Gruppen hinweg auf 15,4 % erstreckt. Zwischen den drei Gruppen nun sind Differenzen zu beobachten. So weisen die RS mit 27,3 % die höchste und die GY mit 5,5 % die niedrigste Abbruchrate auf, während die HS mit 21,9 % zwischen diesen beiden Gruppen liegt.

Als weiteres "hartes" Kriterium für den Studienverlauf und den Studienerfolg gelten die Dauer des Studiums bis zur Zwischenprüfung und die Note, die dort erzielt wird. Darüber hinaus ist für die Fragestellung der Untersuchung noch bedeutsam, inwieweit die Anteile der drei Gruppen, die die Zwischenprüfung abgelegt haben, übereinstimmen.

So geht aus Tabelle 28 hervor, daß die Anteile der drei Gruppen, die ihre Zwischenprüfung erfolgreich absolviert haben, mit 58,9 % (GY), 56,8 % (RS) und 59,4 % (HS) fast gleich groß sind. Der Unterschied ist unerheblich.

Auch die durchschnittliche Studienzeit, die von den Angehörigen der drei Gruppen bis zum Abschluß der Zwischenprüfung aufgewendet werden mußte, ist mit 5,5 (GY) bzw. 5,3 (RS) und 5,1 (HS) Semestern fast gleich (Tab. 29).

Und schließlich gilt auch für ein weiteres hartes Kriterium, die Note in der Zwischenprüfung, ein hoher Grad der

Übereinstimmung. Die Unterschiede zwischen GY (2,61), RS (2,71) und HS (2,54) sind nämlich ebenfalls nicht signifikant. (Tab. 30)

Als härtestes Kriterium schließlich ist der erfolgreiche Studienabschluß und die in der Hochschulabschlußprüfung erreichte Note zu klassifizieren. Hierfür liegen bis zum Abschluß dieser Längsschnitterhebung noch zu wenig Ergebnisse vor, als daß ein Gruppenvergleich sinnvoll und vertretbar erscheint.

Tab. 26   Erwägung eines Studienabbruchs
          der Angehörigen der drei Vergleichsgruppen

Planung eines Studienabbruchs	GY (N=73)		RS (N=44)		HS (N=32)		INSGESAMT (N=149)	
	N	%	N	%	N	%	N	%
ja	26	35,6	12	27,3	9	28,1	47	31,5
nein	46	63,0	32	72,7	23	71,9	101	67,8
o.A.	1	1,4	–	–	–	–	1	0,7

$x_s^2 = 1,2 = ns$

Tab. 27 Studienaufgabe
der Angehörigen der drei Vergleichsgruppen

	GY		RS		HS		INSGESAMT	
	N	%	N	%	N	%	N	%
Stichprobe	73	100,0	44	100,0	32	100,0	149	100,0
Aufgabe	4	5,5	12	27,3	7	21,9	23	15,4

GY : RS: $x^2 = 8,1$ = ss
RS : HS: $x^2 = 0,2$ = ns
GY : HS: $x^2 = 4,9$ = s

Tab. 28   Anzahl erfolgreich abgelegter Zwischenprüfungen
           der Angehörigen der drei Vergleichsgruppen

	GY		RS		HS		INSGESAMT	
	N	%	N	%	N	%	N	%
Stichprobe	73	100,0	44	100,0	32	100,0	149	100,0
abgelegte Zwischenprüfung	43	58,9	25	56,8	19	59,4	87	58,4

$x_S^2 = 0,02 =$ ns

Tab. 29 Durchschnittliche Semesteranzahl
bei abgelegter Zwischenprüfung
der Angehörigen der drei Vergleichsgruppen

Kennwerte	GY	RS	HS
$\bar{x}$	5,5	5,3	5,1
s_x	1,7	1,1	1,4
N	43	25	19

GY : RS: t = 0,5 = ns

GY : HS: t = 1,0 = ns

RS : HS: t = 0,5 = ns

Tab. 30 Zwischenprüfungs-Noten
        der Angehörigen der drei Vergleichsgruppen

Kennwerte	GY	RS	HS
$\bar{X}$	2,61	2,71	2,54
s_x	0,8	0,6	0,7
N	43	25	19

GY : RS: t = 0,6 = ns
GY : HS: t = 0,4 = ns
RS : HS: t = 0,9 = ns

4. ZUSAMMENFASSUNG UND SCHLUßFOLGERUNG

Im Zuge der Bemühungen um "mehr Chancengleichheit" durch Durchlässigkeit im dreigliedrigen Schulwesen hat der nordrhein-westfälische Kultusminister 1974 mit der Schaffung der qualifizierten Fachoberschulreife Haupt- und Realschülern eine Möglichkeit eröffnet, nach der Klasse 10 in die gymnasiale Oberstufe einzutreten und dort unter gleichen Bedingungen wie die grundständigen Gymnasiasten das Abitur zu erwerben.

Diese Chance muß deshalb als mit einem besonderen Risiko behaftet angesehen werden, weil Hauptschüler (HS) und Realschüler (RS) den grundständigen Gymnasiasten (GY) gegenüber mit ungleichen Lernvoraussetzungen formaler und materialer Art in die Oberstufe übergehen.

Zur Überprüfung von Chance und Risiko ist eine zweistufige Längsschnitterhebung durchgeführt worden, die sich insgesamt über den Zeitraum von 1977 - 1986 erstreckt.

Auf der ersten Stufe wurden im Rahmen der Dissertation von PÖTZSCH insgesamt 618 Schüler der drei Gruppen (GS = 210; RS = 203; HS = 205) vom Eintritt in die Oberstufe bis zur Reifeprüfung bezüglich ihres schulischen Schicksals beobachtend begleitet.

Auf der zweiten Stufe wurde im Rahmen eines Forschungsprojekts das Studien- bzw. Berufsschicksal von 297 Absolventen (GY = 128; RS = 91; HS = 78) analysiert, wobei das Hauptaugenmerk auf das Schicksal der Studierenden gerichtet wird.

Da wegen der Nicht-Überprüfbarkeit von Kriterien der Gesamtstichprobe PÖTZSCHs (N = 618) mit der Grundgesamtheit Nordrhein-Westfalens (N = 47.108) sowie (aus Gründen des Datenschutzes) zwischen der Stichprobe des Projekts und der Gesamtstichprobe PÖTZSCHs über die Repräsentativität der Befunde keine Aussage gemacht werden kann, spricht jedoch die Wahrscheinlichkeit dafür - begründet auf die relativ eindeutigen Ergebnisse -, daß die sichtbar werdenden Tendenzen in eine bestimmte Richtung weisen.

So läßt die Analyse des schulischen Schicksals (PÖTZSCH) erkennen, daß es beachtenswerte Unterschiede bezüglich der Erfolgsquote sowie der Abitur-Durchschnittsnote zwischen den Angehörigen der drei Gruppen zu konstatieren gibt. Von den grundständigen Gymnasiasten erreichen nach Durchlaufen der gymnasialen Oberstufe 88 % das Abitur, von den ehemaligen Realschülern 78 % und von den ehemaligen Hauptschülern 58 %. Der Unterschied zwischen den GY und den RS ist beachtenswert, der Unterschied zwischen den GY und RS gegenüber den HS gar sehr beachtenswert. Ein ähnliches Gefälle ergibt sich hinsichtlich der Abitur-Durchschnittsnote. Die GY erlangen 2,55, die RS 2,72 und die HS 2,81. Hier schneiden die GY signifikant besser als die RS und sehr signifikant besser ab als die HS, während RS und HS keinen signifikanten Unterschied erkennen lassen. Nach eingehender Analyse kommt PÖTZSCH zu der Erkenntnis, daß es letztlich wohl kognitive Fähigkeiten sein müssen, die zusammen mit Art und Inhalt des gymnasialen Unterrichts in Eingangs- und Mittelstufe Lernvoraussetzungen ergeben, die sich auch über den Zeitraum der Oberstufe hinweg bis zum Abitur als deutlich differenzierend erweisen.

Nach dem Abitur nahmen ca. 70 % der Absolventen ein Studium und ca. 20 % eine berufliche Tätigkeit auf. Die Angehörigen der drei Gruppen (GY, RS, HS) unterschieden sich hierin kaum voneinander.

Diejenigen Abiturienten, die nach der Reifeprüfung ein Studium aufnahmen, zeigten weder bezüglich der Wahl des

Hochschultyps noch bezüglich der Wahl der Studiengangsrichtung auffällige gruppenspezifische Verhaltensweisen.

Sie lassen auch in ihrer retrospektiven Einschätzung der Funktionstüchtigkeit der neugestalteten gymnasialen Oberstufe unter besonderer Berücksichtigung des Auftrages, die allgemeine Hochschulreife zu entfalten, keine nennenswerten Abweichungen erkennen.

Ebensowenig lassen sich in der Motivationsstruktur, aus der heraus die Studienwahl erfolgt ist, beachtenswerte Differenzen konstatieren. Die Angehörigen aller drei Gruppen sind sowohl hinsichtlich der fachlichen als auch hinsichtlich ihrer beruflichen Orientierung ganz überwiegend intrinsisch motiviert.

Nach einer durchschnittlichen Studienzeit von ca. 10,5 Semestern lassen sich in der ganz überwiegenden Zahl von Merkmalen, die Kriterium für Studienverlauf und Studienerfolg sein können, keine signifikanten Unterschiede beobachten.

Rund 20 % nehmen einen Fachwechsel vor, sie legen zu etwa gleichen Anteilen nach ca. 5,5 Semestern ihre Zwischenprüfung ab, erreichen hier zwar unterschiedliche Durchschnittsnoten (GY = 2,61; RS = 2,71; HS = 2,54), die aber statistisch nicht relevant sind, und unterscheiden sich schließlich nur in dem härtesten Kriterium, im Studienabbruch. Hier weisen die GY im Vergleich zu den RS eine sehr signifikant geringere Abbruchquote auf. Etwas geringer, aber auch noch bedeutsam ist die Differenz zu den HS, während sich die RS zu den HS statistisch nicht unterscheiden.

Dieses Ergebnis läßt den Schluß zu, daß die von ihren Lernvoraussetzungen gegenüber den grundständigen Gymnasiasten eher weniger günstig strukturierten ehemaligen

Haupt- und Realschüler unter den Abiturienten diese Defizite im Verlaufe der gymnasialen Oberstufe durch erhöhte Anstrengungsbereitschaft und Lernmotivation egalisieren und damit Fähigkeiten und Grundhaltungen entwickeln, die ihnen für Verlauf und Erfolg des Studiums (fast) die gleichen Chancen eröffnen, wie sie für die grundständigen Gymnasiasten Gültigkeit haben.

Nimmt man abschließend auf der Basis der gewonnenen Befunde über beide Stufen der Längsschnittuntersuchung hinweg eine tendenzielle Einschätzung von Chance und Risiko für die drei Gruppen vor, so gilt

- daß die grundständigen Gymnasiasten eine hohe Chance haben, nach Eintritt in die neugestaltete gymnasiale Oberstufe das Abitur und die Zwischenprüfung an der Hochschule zu bestehen
- daß für die ehemaligen qualifizierten Realschüler die Chance, diese Ziele zu erreichen, größer ist als das Risiko und
- daß für die ehemaligen qualifizierten Hauptschüler das Risiko größer ist als die Chance.

LITERATURVERZEICHNIS

Deutscher Ausschuß für das Erziehungs- und Bildungswesen:	Empfehlungen und Gutachten 1953 - 1965. Stuttgart 1966
-	Rahmenplan zur Umgestaltung und Vereinheitlichung des allgemeinbildenden öffentlichen Schulwesens. Stuttgart 1959
Deutscher Bildungsrat:	Bericht '75 - Entwicklungen im Bildungswesen. Stuttgart 1975
-	Schulversuche mit Gesamtschulen. Bonn 1969
-	Strukturplan für das Bildungswesen. Bonn 1970
Der Kultusminister des Landes Nordrhein-Westfalen:	Die neugestaltete Oberstufe des Gymnasiums. Informationsschrift für Schüler. Schuljahr 1980/81, Köln 1980
-	RdErl. vom 23.2.1971: Abschluß der Klasse 10 und Zeugniserteilung. In: Amtliches Schulblatt für den Regierungsbezirk Köln, 62. Jg., 6/1971
-	RdErl. vom 23.3.1973: Stundentafel für die Sekundarstufe I
-	RdErl. vom 9.4.1974: Regelungen für die Aufnahme von Absolventen der Haupt- und Realschule sowie von Absolventen der Klassen 10 des beruflichen Schulwesens in die gymnasiale Oberstufe.
HITPASS, J.:	Deutschlands Bildungswesen - die Folgen der Reform. Köln 1981
-	Reformierte Oberstufe - besser als ihr Ruf? St. Augustin 1985

HITPASS, J. -　　　　　　　Studien- und Berufserfolg von Hoch-
OHLSSON, R. - THOMAS, E.:　schulabsolventen mit unterschiedlichen
　　　　　　　　　　　　　　Studieneingangsvoraussetzungen.
　　　　　　　　　　　　　　Opladen 1984

KAZEMZADEH, F.　　　　　　Fachspezifische Studienprofile.
- SCHAEPER, H.:　　　　　　Manuskript Hochschul-Informations-
　　　　　　　　　　　　　　System, Hannover August 1983

Landtag von　　　　　　　　Drucksache 9/394
Nordrhein-Westfalen:　　　vom 5.3.1981

PÖTZSCH, I.:　　　　　　　 Das Bildungsschicksal von qualifizier-
　　　　　　　　　　　　　　ten Haupt- und Realschülern in der
　　　　　　　　　　　　　　neugestalteten gymnasialen Oberstufe
　　　　　　　　　　　　　　- ein Vergleich mit grundständigen
　　　　　　　　　　　　　　Gymnasiasten. Diss. Köln 1982

RIES, H. - KRIESI, P.:　　Studienverlauf an Schweizer Hoch-
　　　　　　　　　　　　　　schulen. Arbeitsberichte, Bd. 6,
　　　　　　　　　　　　　　Aarau 1974

Ständige Konferenz der　　"Berliner Erklärung"
Kultusminister der　　　　 vom 5./6. März 1964.
Länder in der Bundes-　　　In: Sammlung Luchterhand,
republik Deutschland:　　　Neuwied 1964

-　　　　　　　　　　　　　　Vereinbarung zur Neugestaltung der
　　　　　　　　　　　　　　gymnasialen Oberstufe in der Sekundar-
　　　　　　　　　　　　　　stufe II vom 7. Juli 1972.
　　　　　　　　　　　　　　Neuwied 1972

Gesamthochschule in der Bewährungskontrolle

Vergleich zweier Studentengenerationen

1. DIE NACHKRIEGSENTWICKLUNG DER HOCHSCHULLANDSCHAFT
   IM LANDE NORDRHEIN-WESTFALEN

Wendet man sich der Nachkriegsgeschichte dieses Landes hinsichtlich der Entwicklung seines Hochschulwesens zu, so begann diese nunmehr vierzigjährige Epoche mit den klassischen Universitäten Bonn (seit 1808), Münster (seit 1902) und Köln (seit 1919) sowie mit der Technischen Hochschule Aachen (seit 1870). Etwa 15 Jahre nach Kriegsende setzt die Neugründungsphase mit den Universitäten Bochum (1961), Dortmund (1963) und Bielefeld (1965) ein bzw. die Ausbauphase für die TH Aachen (Philosophische Fakultät 1966, Medizinische Fakultät 1967) und für die Medizinische Akademie Düsseldorf (kombinierte naturwissenschaftliche und geisteswissenschaftliche Fakultät 1965), so daß binnen kurzem eine Verdoppelung der Zahl der Universitäten dieses Landes beobachtet werden kann.

In denselben Zeitraum (1965) fällt die Statuserhebung der Pädagogischen Hochschulen in den Rang der Wissenschaftlichen Hochschulen. Im Zuge ihrer weiteren Entwicklung wurden sie 1980 in Form von Fakultäten in die Universitäten integriert.

Mit der Errichtung von fünf Gesamthochschulen in Duisburg, Essen, Paderborn, Siegen und Wuppertal zum 1. August 1972 hat die Expansion von Hochschulgründungen ihren (vorläufigen?) Abschluß gefunden.

Versucht man, die Motivationslage zu erhellen, die die Gründungen auf seiten der damit verantwortlich Befaßten bewirkt haben, so wird ein ganzes Bündel von Handlungsansätzen sichtbar, das nur in seinen Tendenzen grob aufgewiesen werden kann.

Wenngleich davon auszugehen ist, daß bei allen Gründungen

landes- und strukturplanerische Momente hinsichtlich der
Versorgung der Bevölkerung mit Bildungsangeboten aus dem
tertiären Bereich bedeutsamen Einfluß auf die Entschei-
dungsfindung genommen haben, so wurden die Gründungen
der 60er Jahre in erster Linie von eher traditionell
pragmatischen bzw. eher traditionell ideellen Zügen getragen (Entlastungsfunktion von Bochum für Münster bzw.
Forschungs- und Reformfunktion für Bielefeld), während
sich die Gesamthochschulgründungen des Jahres 1972 hier-
von ganz wesentlich dadurch unterscheiden, daß sie neben
Aspekten der Versorgung eine hochschulpolitische Inauguration darstellen.

Das Konzept als Grundlage für wissenschaftliche Planung
dieser neuen, von der Regierungsgewalt des Landes und
zuvörderst von seinem Wissenschaftsminister verkörperten
Gründung läßt die Veränderungstendenzen deutlich werden:
"Die Gesamthochschule soll die bestehende Hochschulstruk-
tur mit ihren Mängeln, mit ihren Versäulungen und ihren
Abschottungen aufbrechen. Abstufung ohne Abdichtung, Differenzierung ohne Nivellierung, Durchlässigkeit ohne
Leistungsrabatt sind die Schlüsselworte. Die Hochschule
neuen Typs soll ein zukunftsweisendes System von Forschung und Lehre entwickeln. In der täglichen Arbeit muß
ein neues Verhältnis von wissenschaftlicher und beruflicher Ausbildung entstehen. Die Aufgabe scheint kaum lös-
bar. Ist die Herausforderung zu groß?"[1]

---

1) Vgl. dazu: Vorwort des Wissenschaftsministers des Landes NW, J.
   RAU, in: Der Minister für Wissenschaft und Forschung
   des Landes Nordrhein-Westfalen: Gesamthochschulen in
   Nordrhein-Westfalen. Düsseldorf 1974, S. 6

   Vgl. dazu: Schriften zum Aufbau einer Gesamthochschule: Modellver-
   such "Integrierte Studiengänge". Duisburg 1975. Dort erfolgt eine ausführliche Darstellung und Würdigung der
   Gesamthochschulproblematik von der Entwicklung des Ge-
   samthochschulgedankens bis zu seiner Einmündung in ein
   weit gefächertes Forschungsprogramm. Diese Aspekte finden deshalb hier keine Berücksichtigung mehr.

2. DIE KONZEPTION DER INTEGRIERTEN GESAMTHOCHSCHULE

Das Modell der Integrierten Gesamthochschule sieht die Einrichtung integrierter Studiengänge vor, in denen die Aufgaben der Universität einerseits und die der Fachhochschule andererseits vereinigt werden. Nach einem viersemestrigen Grundstudium können sowohl Abiturienten (A) als auch Nicht-Abiturienten (NA) nach zwei weiteren Semestern Hauptstudium im sogenannten Kurzstudiengang ("kurzer Ast" des Y-Modells) das Diplom I oder nach vier Semestern Hauptstudium im Langstudiengang ("langer Ast") das Diplom II erwerben. Das Diplom II entspricht dem traditionellen Universitätsniveau, das Diplom I ist Ausweis eines "Qualitätssprungs" vom (ehemaligen) Fachhochschulniveau auf ein neu entwickeltes (integriertes) Fachhochschul-/Universitätsniveau. Der D I - Studiengang ist von seiner Struktur her "mehr praxisbezogen", der D II - Studiengang "mehr theoriebezogen". Nicht-Abiturienten soll(t)en (mußten) vor ihrer Zulassung zum D II - Studium zum Ausgleich von (vermeintlichen oder tatsächlichen) Defiziten in der Dimension ihrer Studierfähigkeit sogenannte "Brückenkurse" besuchen. In der Anfangsphase ihrer Entwicklung hat die Gesamthochschule diese Bedingung (kaum oder gar) nicht beachtet, d. h. nur "formal" stand den Nicht-Abiturienten der Zugang zum D II - Studiengang nicht, "real" jedoch sehr wohl offen .

Das Modell sieht auch vor, daß erfolgreiche Absolventen des Kurzstudienganges in den Langstudiengang aufsteigen können.

Das Konzept wird im Kern von bildungspolitischen Setzungen (= hochgesteckte Erwartungen / Hoffnungen) getragen. Diese gehen u. a. davon aus, daß sich die unterschiedlichen Studieneingangsvoraussetzungen (A u. NA) durch die Bildungsprozesse während des Studiums an- oder gar ausgleichen (A ~ NA bzw. A = NA), daß also Fähigkeit,

Interesse und Leistung für den Studienerfolg ausschlaggebend seien und nicht die ausgewiesene Qualifikation im Berechtigungsschein, und daß dieser Anspruch an eine Reformhochschule durch "Entrümpelung der Studieninhalte" in einer Zeit von 6 (D I) bzw. 8 Semestern (D II) eingelöst werden könne.

3. DER UNTERSUCHUNGSANSATZ ZUR BEWÄHRUNGSKONTROLLE DER REFORMHOCHSCHULE

Zur Überprüfung dieser Konzeption ist der Prototyp einer Integrierten Gesamthochschule ausgewählt worden, die Universität Essen Gesamthochschule.

Der Untersuchungsansatz ist zweistufig angelegt.

In der ersten Stufe sind zunächst nach der Einrichtung von insgesamt 6 integrierten Studiengängen (Bauingenieurwesen, Chemie, Maschinenbau, Mathematik, Physik und Wirtschaftswissenschaften) bis zum Jahre 1974 die beiden aufeinanderfolgenden Immatrikulations-Jahrgänge 1974/75 und 1975/76 total erfaßt (G_1 und G_2) und im Verlauf einer Längsschnitterhebung begleitend beobachtet worden. Aus der Grundgesamtheit (N = 974) konnte eine Stichprobe (N = 533) gebildet werden, die zur Mitarbeit bei Fragebogenerhebungen, Testuntersuchungen und für die Bereitstellung von Zeugnissen gewonnen werden konnte.

Das Hauptaugenmerk der Untersuchung richtete sich auf die Merkmale der Studieneingangsvoraussetzungen (Studierfähigkeit), auf die Studienwahl, die Studiendauer, den Studienerfolg und zur Überprüfung der Qualität des Studiums (aus der Retrospektive) auch auf die Berufszufriedenheit der Absolventen.

Zur Analyse der Studieneingangsvoraussetzungen wurden die entsprechenden Zeugnisse und zur Objektivierung derselben sowie zur Ergänzung dieses Befundes der von der Studienstiftung des deutschen Volkes entwickelte "Test Akademische Befähigung (TAB)" herangezogen. Die Daten zur Studienwahl, zur Studiendauer bis zur Zwischenprüfung bzw. Hauptprüfung sowie zum Studienerfolg in Form der Durchschnittsnote in der Zwischenprüfung (ZP) bzw. im Hauptexamen (EX) konnten jeweils in Zusammenarbeit mit der Hochschule bzw. mit der Stichprobe ermittelt werden.

Der Beobachtungszeitraum erstreckte sich für das Studium über 16 (Jg. 74/75) bzw. 14 Semester (Jg. 75/76). Zur Bildung numerisch genügend starker Gruppen sind die Befunde der beiden aufeinanderfolgenden Kohorten zusammen verrechnet worden. Die Beobachtung der Berufseinmündungsphase vollzog sich über einen Zeitraum von etwa 2 Jahren.

Da der Gesamtbefund[2] (global: keine nennenswerten Unterschiede zwischen Studienwahl, Studiendauer, Studien- und Berufserfolg von Abiturienten und Nicht-Abiturienten) gegen die normalerweise zu "erwartende Richtung" lief - Abiturienten sind Nicht-Abiturienten in signifikanter Weise überlegen - wurde auf der zweiten Stufe eine Wiederholungsuntersuchung zur Überprüfung der "überraschenden" Ergebnisse angesetzt.

Um zu vergleichbaren Befunden gelangen zu können, ist das zuvor kurz beschriebene Instrumentarium der Erstuntersuchung auf die Wiederholungsuntersuchung übertragen worden.

Diese Wiederholungsuntersuchung (1983/84) wurde etwa ein Jahrzehnt nach der Erstuntersuchung (1974/75 bzw. 1975/76) gestartet und umfaßt bislang den Beobachtungszeitraum von 6 Semestern.

Zur Charakterisierung werden die Angehörigen der Erstuntersuchung (1974/75 bzw. 1975/76) künftig immer als 1. Generation und die Angehörigen der Wiederholungsuntersuchung (1983/84) als 2. Generation bezeichnet. Im Rahmen der Methode des Vergleichs von person- und

---

[2] Vgl. dazu: HITPASS, J. - OHLSSON, R. - THOMAS, E.: Studien- und Berufserfolg von Hochschulabsolventen mit unterschiedlichen Studieneingangsvoraussetzungen. Opladen 1984

studienspezifischen Daten werden die entsprechenden Merkmale beider Generationen jeweils einander gegenübergestellt und auf ihre Unterschiedlichkeit hin überprüft.

Die Auswertung der Daten erfolgt auf der Basis der einschlägigen Methoden und Verfahrensweisen, im wesentlichen elektronisch auf der Cyb. 72/76 nach dem Programmpaket SPSS[3].

---

3) Vgl. dazu: BEUTEL, P. - KÜPPER, H. - RÖCK, E. - SCHUBEL, W.:
SPSS-Statistik-Programm-System für Sozialwissenschaften. Stuttgart 1978²

4. HAUPTBEFUNDE DER VERGLEICHSUNTERSUCHUNG DER
   BEIDEN STUDENTENGENERATIONEN DER IMMATRIKULA-
   TIONS-JAHRGÄNGE 1974/75 bzw. 1975/76 EINERSEITS
   UND 1983/84 ANDERERSEITS

4.1. Der Vergleich person- und studienspezifischer
     Merkmale

Aus der Tabelle 1 geht zunächst hervor, daß sich die
Anzahl der Erstimmatrikulierten der Grundgesamtheit
der 6 integrierten Studiengänge im Vergleichszeitraum
von etwa einem Jahrzehnt von 474 (1974/75) bzw. 500
(1975/76) in der 1. Generation um das zweieinhalbfache
auf 1.290 (1983/84) in der 2. Generation erhöht hat -
Folge der in diesem Zeitraum allgemein gestiegenen Stu-
dentenzahlen, möglicherweise aber auch (mit) beeinflußt
durch die Attraktivität der Konzeption.

Sodann wird deutlich, daß die Anzahl der weiblichen Studienanfänger (1. Gen. = 12,2 % : 2. Gen. = 21,3 %) sehr
beachtlich zugenommen hat. Der signifikante Unterschied
ist aus Tabelle 2 abzulesen.

Und schließlich fällt auf, daß die Quote der Stichprobe
(freiwillige Teilnahme an den Befragungsaktionen, die
von Erhebungszeitpunkt zu Erhebungszeitpunkt allerdings
streute) von 54,7 % (1. Generation) auf 26,3 % (2. Generation) rapide zurückgegangen ist.

Für die Überprüfung der Repräsentativität der Stichproben jedoch ist bedeutsam, daß sich für beide Generationen bezüglich der Geschlechtszugehörigkeit kein signifikanter Unterschied zur jeweiligen Grundgesamtheit beobachten läßt.

Tab. 1 Die Verteilung der Geschlechtszugehörigkeit bei den Studienanfängern 6 integrierter Studiengänge der 1. Generation und der 2. Generation in Grundgesamtheit und Stichprobe

	männlich		weiblich		Insgesamt	
	N	%	N	%	N	%
1. Generation						
Grundgesamtheit	855	87,8	119	12,2	974	100
Stichprobe	472	88,6	61	11,4	533	100
		$x^2 = 0,2$ = ns				
2. Generation						
Grundgesamtheit	1.015	78,7	275	21,3	1.290	100
Stichprobe	224	77,8	64	22,2	288	100
		$x^2 = 0,1$ = ns				

Tab. 2 Die Verteilung der Geschlechtszugehörigkeit
in den Stichproben der 1. und der 2. Generation

Geschlecht	Stichprobe 1.Generation (N=533)		Stichprobe 2.Generation (N=339)	
	N	%	N	%
weiblich	61	11,4	64	22,2
männlich	472	88,6	224	77,8
o.A.	-	-	51	-

$$x^2 = \underline{\underline{16,8}} = ss$$

Wie Tabelle 3 erkennen läßt, gilt dies auch für das wichtige Merkmal der Zulassungsvoraussetzung. Die Versuchspersonen der Stichproben unterscheiden sich hier nicht nennenswert von ihrer Grundgesamtheit.

Als auffällig allerdings muß konstatiert werden, daß sich das Verhältnis von Abiturienten : Nicht-Abiturienten von etwa 30 : 70 in der Grundgesamtheit der 1. Generation auf etwa 60 : 40 in der Grundgesamtheit der 2. Generation fast verkehrt hat.

Augenfällig wird dies in Tabelle 4, die sehr signifikante Veränderungen in den Stichproben erkennen läßt.

Tab. 3　　Die Verteilung der Zulassungsvoraussetzung A (Abitur) und NA (Nicht-Abitur) bei den Studienanfängern 6 integrierter Studiengänge der 1. Generation und der 2. Generation in Grundgesamtheit und Stichprobe

	Abitur		Nicht-Abitur		Insgesamt	
	N	%	N	%	N	%
1. Generation						
Grundgesamtheit	285	29,3	685	70,6	974	100
Stichprobe	167	32,4	348	67,6	533	100
			$x^2 = 1,47$ = ns			
2. Generation						
Grundgesamtheit	761	59,0	529	41,0	1.290	100
Stichprobe	218	64,3	121	35,7	339	100
			$x^2 = 3,2$ = ns			

Tab. 4 Die Verteilung der Zulassungsvoraussetzung
A (Abitur) und NA (Nicht-Abitur) in den
Stichproben der 1. und der 2. Generation

Zulassungs-voraussetzung	Stichprobe 1.Generation (N=533)		Stichprobe 2.Generation (N=339)	
	N	%	N	%
Abitur	167	32,4	218	64,3
Nicht-Abitur	348	67,6	121	35,7
o.A.	18	-	-	-

$$x^2 = \underline{\underline{83,9}} = ss$$

Tabelle 5 gibt einen Überblick über die Verteilung der Wahlen integrierter Studiengänge der Studierenden der UGE in den Grundgesamtheiten und Stichproben der 1. und der 2. Generation.

Während sich in der Gegenüberstellung der 1. Generation zwischen Grundgesamtheit und Stichprobe kein nennenswerter Unterschied zeigte, gilt im Hinblick auf die Repräsentativität der Stichprobe der 2. Generation, daß sich auch die Verteilung der Wahlen in den Fächern Chemie, Maschinenbau, Mathematik und Physik mit dem Wahlverhalten der Grundgesamtheit decken, im Fach Bauingenieurwesen dagegen besteht in der Stichprobe eine Unterrepräsentation, im Fach Wirtschaftswissenschaften eine Überrepräsentation.

Betrachtet man die Wahlen in der Grundgesamtheit der 1. Generation im Vergleich zu denen der 2. Generation, so werden sehr signifikante Unterschiede deutlich. Das gleiche gilt für die Wahlen der beiden Stichproben der 1. und 2. Generation. Auffallend ist der starke Rückgang der Wahl des Studienfaches Mathematik sowohl in der Grundgesamtheit wie in der Stichprobe, während das Fach Chemie deutlich Zuwachs zu verzeichnen hat. Weiterhin praevalieren die Studenten die Wirtschaftswissenschaften.

Die Tabellen 6, 7, 8 und 9 geben Aufschluß über die soziale Herkunft dieser Studierenden. (Sie erlauben mithin auch eine Aussage über das Maß an Chancengleichheit, das bei diesem Hochschultyp gegenüber den traditionellen Universitäten zu erwarten ist.)

Wählt man als Statusmerkmal den Schulabschluß des Vaters, so zeigt sich in Tab. 6, daß in beiden Generationen etwa 2/3 der Väter der Nicht-Abiturienten ledig-

Tab. 5   Die Verteilung der Wahlen integrierter Studiengänge
         in den Grundgesamtheiten (G) und Stichproben (St)
         der 1. und der 2. Generation

Studiengang	1. Generation					2. Generation			
	Grundgesamtheit (N=970)		x^2	Stichprobe (N=533)		Grundgesamtheit (N=1.290)		x^2	Stichprobe (N=336)
	N	%		N	%	N	%		N	%
Bauingenieurwesen	175	18,0	2,0	81	15,2	262	20,3	6,3	43	12,8
Chemie	74	7,6	0,0	42	7,8	145	11,2	0,0	37	11,0
Maschinenbau	256	26,4	0,7	151	28,3	288	22,3	1,4	65	19,3
Mathematik	118	12,2	0,3	60	11,2	62	4,8	2,9	9	2,3
Physik	63	6,5	0,8	41	7,5	86	6,7	0,3	25	7,4
Wirtschaftswiss.	284	29,3	0,0	158	29,6	447	34,7	16,7	157	46,7

G 1.Gen. : G 2.Gen.: x^2 = 55,3 = ss
St 1.Gen. : St 2.Gen.: x^2 = 45,5 = ss

―― = s (signifikant)
=== = ss (sehr signifikant)

lich einen Volksschulabschluß aufweisen. Der Anteil der
Väter mit diesem Bildungshintergrund unter den Abiturienten hingegen fällt von der 1. Generation (53,9 %) zur
2. Generation (39,0 %) deutlich ab. Andererseits steigt
in diesem Beobachtungszeitraum der Anteil der Väter mit
Universitätsausbildung sowohl in der Gruppe, die als
Zulassungsvoraussetzung das Abitur vorweist (7,9 % :
12,9 %), als auch in der Gruppe, die eine andere Zulassungsqualifikation einbringt (3,1 % : 6,0 %).

Auf's Ganze gesehen jedoch unterscheiden sich nur die
beiden Teilpopulationen der Nicht-Abiturienten (NA) in
der Vorbildungsstruktur ihrer Väter in beiden Generationen nicht nennenswert voneinander, die Väter der Abiturienten hingegen weisen diesbezüglich signifikante
Unterschiede aus, und vergleicht man die beiden Generationen von Studienanfängern unabhängig von ihrer Zulassungsvoraussetzung miteinander, so zeigt die Struktur
des Bildungshintergrundes gar sehr beachtenswerte Differenzen auf.

Fast die gleiche Stabilität (NA) bzw. Veränderung (A
sowie A+NA) stellt sich ein, wenn als Statusmerkmal die
Berufsposition des Vaters herangezogen wird, wie dies
aus Tabelle 7 zu ersehen ist. Bedenkt man, daß sich die
Studenten an den traditionellen Universitäten zu etwa
15 % aus der Arbeiterschicht rekrutieren, dann wird hier
besonders deutlich, daß an der Reformhochschule (Essen)
ein (überrepräsentativ) hoher Prozentsatz von Arbeiterkindern studiert. In beiden Generationen macht er unter
den NA fast 60 % aus. Aber auch unter den Vätern der Abiturienten sind in der 1. Generation etwa 40 % Arbeiter.
Dieser Anteil fällt in der 2. Generation dann allerdings
auf knapp 30 %.

Der Status der Mütter ist den Tabellen 8 und 9 zu entnehmen.

Tab. 6   Endstufe der Vorbildung der Väter
         in den Stichproben der 1. und der 2. Generation

	Stichprobe 1.Generation				Stichprobe 2.Generation			
	A (N=178)		NA (N=391)		A (N=218)		NA (N=121)	
Vorbildung	N	%	N	%	N	%	N	%
Volksschulabschluß	96	53,9	264	67,5	82	39,0	76	65,5
Realschulabschluß	10	5,6	16	4,1	16	7,6	3	2,6
Mittlere Reife; Gymnasium	12	6,7	20	5,1	18	8,6	4	3,4
Abitur	8	4,5	11	2,8	10	4,8	2	1,7
Fachschule / Fachoberschule	15	8,4	29	7,4	8	3,8	7	6,0
Päd.Hochschule / Fachhochschule	9	5,1	23	5,9	16	7,6	5	4,3
Universität / Techn.Hochschule	14	7,9	12	3,1	27	12,9	7	6,0
Promotion	5	2,8	1	0,3	19	9,0	2	1,7
nicht bekannt	9	5,1	15	3,8	14	6,7	10	8,6
o.A.	-	-	-	-	8	-	5	-

1.Gen. : 2.Gen.

x^2 A : A   = $\underline{16,5}$ = s
x^2 NA : NA   = 11,7 = ns
x^2 A+NA : A+NA = $\underline{\underline{46,7}}$ = ss

Tab. 7   Berufsposition der Väter
          in den Stichproben der 1. und der 2. Generation

Berufsposition	Stichprobe 1.Gen. A (N=178) N	%	Stichprobe 1.Gen. NA (N=388) N	%	Stichprobe 2.Gen. A (N=218) N	%	Stichprobe 2.Gen. NA (N=121) N	%
Un- oder angelernter Arbeiter, Angestellter bis BAT IX; Beamter bis A 4	20	11,2	73	18,8	18	8,8	21	18,1
Facharbeiter; Angestellter BAT VIII-Vc; Beamter A 5-8; Landwirt mit bis 20 ha	49	27,5	154	39,7	38	18,6	45	38,8
Angest. mit überwiegend selbst. Tätigkeit (BAT Vb-III), Sachbearbeiter, Programmierer, Kassenleiter; Beamter A 9-12; nicht-akadem. freier Beruf; Handel- od. Gewerbetreibender mit bis zu 5 Mitarbeitern	53	29,8	83	21,4	50	24,5	26	22,4
Ang. mit Führungsposition u./o. Hochschulstud. (BAT IIa-Ib); Abt.leiter, Ing., Arzt, Redakteur; Beamter A 13-14; akadem. freier Beruf; Handel- od. Gewerbetreibender mit bis zu 40 Mitarbeitern, Landwirt mit bis 250 ha	43	24,2	57	14,7	61	29,9	17	14,7
Ltd. Angest. in Klein- u. Mittelbetrieben (BAT Ia-AD 0), Prokurist, Direktor, Oberarzt, Beamter A 15-16; Handel- od. Gewerbetreibender mit bis zu 200 Mitarbeitern	9	5,1	14	3,6	24	11,8	5	4,3
Ltd. Ang. in großen Betrieben; Beamter B 3-11; Chefarzt; Handel- od. Gewerbetreibender mit über 200 Mitarbeitern; Landwirt mit über 250 ha	4	1,8	7	1,8	13	6,4	2	1,7
o.A.	-	-	-	-	14	-	5	-

x^2 (1.Gen.) A : A (2.Gen.) = 14,6 = s
x^2 NA : NA   = 0,2 = ns
x^2 A+NA : A+NA   = 27,3 = ss

Tab. 8   Endstufe der Vorbildung der Mütter
        in den Stichproben der 1. und der 2. Generation

	Stichprobe 1.Generation				Stichprobe 2.Generation			
Vorbildung	A (N=178)		NA (N=391)		A (N=218)		NA (N=121)	
	N	%	N	%	N	%	N	%
Volksschulabschluß	115	64,6	313	80,1	113	53,8	82	71,3
Realschulabschluß	19	10,7	29	7,4	38	18,1	11	9,6
Mittlere Reife; Gymnasium	11	6,2	24	6,1	23	11,0	6	5,2
Abitur	13	7,3	2	0,5	9	4,3	3	2,6
Fachschule / Fachoberschule	13	7,3	12	3,1	9	4,3	4	3,5
Päd.Hochschule / Fachhochschule	1	0,6	1	0,3	5	2,4	1	0,9
Universität / Techn.Hochschule	-	-	1	0,3	4	1,9	-	-
Promotion	-	-	-	-	3	1,4	-	-
nicht bekannt	6	3,4	9	2,3	6	2,9	8	6,9
o.A.	-	-	-	-	8	-	6	-

1.Gen. : 2.Gen.

x^2 A : A   = 18,8 = ss

x^2 NA : NA   = 5,7 = ns

x^2 A+NA : A+NA = 32,7 = ss

Tab. 9   Berufsposition der Mütter in den Stichproben der 1. und der 2. Generation

Berufsposition	Stichprobe 1.Gen. A (N=178) N	%	Stichprobe 1.Gen. NA (N=390) N	%	Stichprobe 2.Gen. A (N=218) N	%	Stichprobe 2.Gen. NA (N=121) N	%
Stets Hausfrau gewesen	64	36,0	160	41,0	46	23,7	32	27,8
Un- od. angelernte Arbeiterin, Haushaltshilfe, Ang. mit einf. Tätigkeit (bis BAT IX), Verkäuferin, Köchin, Aushilfe, Büro-,Ladenhilfe; Beamtin im einf. Dienst (bis A 4)	47	26,4	136	34,9	50	24,6	42	36,5
Facharbeiterin; Ang. mit teilw. selbst. Tätigkeit (BAT VIII-Vc); Beamtin im mittl. Dienst (A 5-8); Steno-, Phonotypistin, Sekretärin, gehob. kaufm. Ang., Kindergärtnerin, Krankenschwester, Arzthelferin, Laborantin, Landwirtin	47	26,4	65	16,7	71	35,0	31	27,0
Ang. mit überw. selbst. Tätigkeit (BAT Vb-III), Sachbearbeiterin, Buchhalterin, med.-techn. Ass., Stationsschw., Dipl.-Bibliothekarin, Apothekerin, Übersetzerin; Beamtin im gehob. Dienst (A 9-12); nicht-akadem. freier Beruf; Handel- od. Gewerbetreibende mit bis zu 5 Mitarbeitern	16	9,0	25	6,4	27	13,3	9	7,8
Lt.Ang. in Klein- u. Mittelbetrieben (BAT IIa-Ib); Referentin, Archivarin, Redakteurin, Dolmetscherin, Beamtin (A 13-15); Handel-od.Gewerbetreibende mit bis zu 100 Mitarbeitern	4	2,3	4	1,0	6	3,0	1	0,9
Lt. Ang. in großen Betrieben (BAT Ia-AD 0); Beamtin (A 16-B 11); akadem. freier Beruf, Dozentin, Handel- od. Gewerbetreibende mit mehr als 100 Mitarbeitern	–	–	–	–	3	1,5	–	–
o.A.	–	–	–	–	15	–	6	–

x^2 (1.Gen.) A : A (2.Gen.) = 11,1 = s
x^2 NA : NA   = 9,4 = ns
x^2 A+NA : A+NA   = 33,9 = ss

4.2. Studierfähigkeit, Studienmotivation und Studienwahl

Die Zulassung zum Studium der integrierten Studiengänge ist über unterschiedliche Qualifikationen möglich, die einen (je) unterschiedlichen Grad an Studierfähigkeit erwarten lassen. Tabelle 10 eröffnet eine differenzierte Übersicht über die verschiedenen Voraussetzungen, die - zu den beiden Zeitpunkten der Erhebung - einen deutlichen Trend zu mehr Abiturienten und zu weniger Fachoberschulabsolventen signalisiert.

Einer der ganz entscheidenden Prüfsteine der Gesamthochschule ist jedoch ganz zweifellos die Hinführung der Berechtigten mit ungleichen Eingangsvoraussetzungen zu (möglichst) gleichen Chancen des Erfolgs.

Nun ergibt sich jedoch wegen der äußerst unterschiedlichen Bildungsinhalte an den verschiedenen Schulformen und Ausbildungsorten, an denen die Qualifikationen vergeben werden, und auch wegen der unterschiedlichen Bildungs- bzw. Ausbildungsdauer der beiden Vergleichsgruppen (A : NA) einerseits die unüberwindbare Schwierigkeit, den Vergleich auch hinsichtlich der aus den Hochschulzugangsberechtigungen (Zeugnissen) errechneten Leistungen durchzuführen, da im Grunde nicht miteinander Vergleichbares miteinander verglichen würde. Da andererseits aber bei der Studienplatzvergabe Durchschnittsnoten aus den qualitativ unterschiedlichsten Zeugnissen entscheidend sind, Absolventen verschiedenster Wege also in Konkurrenz um Studienplätze treten, solche Noten also eine Realität darstellen, so sollen sie hier beschreibend dargestellt werden.

Die in Tabelle 11 errechneten Durchschnittswerte von Noten der Zulassungszeugnisse der A und NA lassen erkennen, daß die Vergleichswerte der 1. Generation sich

Tab. 10 Art der Hochschulzugangsberechtigung
in den Stichproben der 1. und der 2. Generation

	Stichprobe 1.Generation (N=515)		Stichprobe 2.Generation (N=339)	
	N	%	N	%
Gymnasium	159	30,9	113	53,1
Kolleg	5	1,0	4	1,9
Gesamtschule	2	0,4	10	4,7
Fachoberschule	328	63,7	62	29,1
Handelsschule	18	3,5	6	2,8
Sonstige Berechtigung	2	0,4	10	4,7
im Ausland erworbene Berechtigung	1	0,2	8	3,8
o.A.	-	-	126	-

$$x^2 = \underline{\underline{104,1}} = ss$$

Insgesamt Abitur	167	32,4	218	64,3
Insgesamt Nicht-Abitur	348	67,6	121	35,7

$$x^2 = \underline{\underline{83,9}} = ss$$

auf seiten der NA (2,70) als sehr deutlich besser darstellen als die der A (3,00), während sich in der 2. Generation kein Unterschied konstatieren läßt (2,80 : 2,78).

Der Vergleich zwischen den Angehörigen der Studienanfänger mit den gleichen Zulassungsvoraussetzungen der 1. und der 2. Generation zeigt bei den A (3,00 : 2,78) eine sehr signifikante Verbesserung zugunsten der 2. Generation, während bei den NA (2,70 : 2,80) keine nennenswerte Veränderung in der Durchschnittsnote in beiden Generationen festzustellen ist.

Tab. 11 Mittelwertvergleich der Durchschnittsnoten von Zulassungszeugnissen der Abiturienten (A) und Nicht-Abiturienten (NA) in den Stichproben der 1. und der 2. Generation

	Stichprobe 1.Generation		Stichprobe 2.Generation	
	A	NA	A	NA
N	167	348	123	68
$\bar{X}$	3,00	2,70	2,78	2,80
s_x	0,6	0,6	0,7	0,6

A : NA: t = 5,3 = ss   A : NA: t = 0,2 = ns

1.Gen. : 2.Gen.

t   A : A   = 2,8 = ss

t   NA : NA = 1,3 = ns

Da jedoch empirisch nachgewiesen ist, daß Schulnoten aus den mannigfaltigsten Gründen schon in sich keinen echten Maßstab der Leistungsfähigkeit, Schulabschlußnoten im speziellen Falle auch keinen gültigen Maßstab für Studierfähigkeit darstellen können und in diesem Falle hier - wegen der darüber hinausgehenden Unvergleichbarkeit von Abiturnoten und Noten anderer Schulformen[4] - auch keinen zuverlässigen Vergleichsmaßstab für die beiden Gruppen der A und NA hergeben können, jedoch ein objektives, zuverlässiges und gültiges Maß für Studierfähigkeit unerläßlich ist, wurde die (freiwillige) Stichprobe einem "Test akademische Befähigung"[5] unterzogen. Dieser Test wurde nach Aufnahme des Studiums zu Beginn des 1. Semesters durchgeführt.

Das Testergebnis, das innerhalb unserer Problemstellung zunächst nur im Mittelwertvergleich der beiden Gruppen interessiert, stellt sich wie folgt dar (Tab. 12):

---

4) Vgl. dazu: TROST, G.: Möglichkeiten und Nutzen der Aufbereitung von Reifezeugniszensuren für die Verbesserung der Studienerfolgsprognose. Der Bundesminister für Bildung und Wissenschaft - Schriftenreihe Bildungsplanung 2

5) Bei diesem Test handelt es sich um ein von der Studienstiftung des deutschen Volkes konstruiertes Verfahren, das inzwischen an mehr als 10.000 Probanden verschiedener schulischer Vorbildung erprobt worden ist.

Tab. 12 Mittelwertvergleich der erreichten Testwerte (TAB)
der Abiturienten (A) und Nicht-Abiturienten (NA)
in den Stichproben der 1. und der 2. Generation

	Stichprobe 1. Generation		Stichprobe 2. Generation	
	A	NA	A	NA
N	170	363	123	67
$\bar{X}$	55,23	45,02	52,02	45,12
s_x	13,6	11,9	13,1	11,3

A : NA: t = 7,6 = ss   A : NA: t = 3,8 = ss

1.Gen. : 2. Gen.

t   A : A   = 2,0 = s
t   NA : NA   = 0,1 = ns

In beiden Generationen heben sich die A (55,23 bzw. 52,02) in ihrem Testmittelwert sehr signifikant positiv von den NA (45,02 bzw. 45,12) ab.

Diese Testleistungsunterschiede können nicht verwundern. Gehen sie doch mit hoher Wahrscheinlichkeit darauf zurück, daß im Verlaufe des Bildungsweges an verschiedenen Schulformen je allgemeinere (Gymnasien) und je speziellere (Fachoberschulen u.a.) intellektuelle und manuelle Fähigkeiten in unterschiedlichem Grad entwickelt werden. Die Absolventen verschiedener Schulformen, die als unterschiedlich "vor-ausgelesen" anzusehen sind, müssen nun einen gemeinsamen Studienweg beschreiten.

Des weiteren läßt sich aus Tabelle 12 herleiten, daß der Testmittelwert der NA in beiden Generationen fast gleich ist (45,02 bzw. 45,12) und daß sich der Testmittelwert der A in der 2. Generation (52,02) zu dem der 1. Generation (55,23) jedoch signifikant niedriger darstellt.

Die Befunde lassen sich auch so formulieren, daß sowohl die Durchschnittsnoten des Zulassungszeugnisses als auch die Testmittelwerte der NA in beiden Generationen als "sehr stabil" klassifiziert werden können, während auf seiten der A in der 2. Generation mit der sehr deutlichen Verbesserung der Durchschnittsnote im Abitur eine beachtliche Verschlechterung des Testmittelwertes einhergeht.

Nimmt man die Werte aus dem Studierfähigkeitstest zum Maßstab für die Startchancengleichheit beider Generationen bei Studienbeginn in den sechs Studiengängen, so läßt sich aus Tabelle 13 ablesen, daß sich die Testmittelwerte beider Generationen nur in einem der fünf integrierten Studiengänge sehr beachtlich voneinander unterscheiden, im Studiengang Maschinenbau. Hier verfügt die 2. Generation über einen sehr signifikant höheren Durchschnittswert als die 1. Generation. Insgesamt aber gilt - da dieser Test u.a. im Verlaufe der Untersuchung an der 1. Generation ein hohes Maß an Validität in der Korrelation mit den Examensergebnissen erwiesen hat -, daß die zweite Generation in allen sechs Studiengängen bezüglich der Merkmale des Studienerfolges ähnliche Quoten zu verzeichnen haben wird wie die 1. Generation.

Tab. 13 Mittelwertvergleich der Testleistungen im "Studierfähigkeitstest" der Studenten der sechs integrierten Studiengänge in den Stichproben der 1. und der 2. Generation

Studiengang	Stichprobe 1.Generation			t	Stichprobe 2.Generation		
	N	$\bar{x}$	s_x		N	$\bar{x}$	s_x
Bauingenieurwesen	81	46,2	10,8	0,5	20	48,2	16,6
Chemie	42	55,0	14,1	0,3	18	53,9	13,5
Maschinenbau	151	43,6	10,0	2,9 ===	34	50,5	13,1
Mathematik	60	59,3	16,0	0,2	7	60,4	12,7
Physik	41	55,5	12,8	1,1	16	51,6	11,4
Wirtschaftswiss.	158	47,8	11,7	0,1	95	47,6	11,5

=== = ss (sehr signifikant)

Nehmen die Studierenden jedoch aus der Retrospektive eine Selbsteinschätzung ihrer Studierfähigkeit vor, so zeigen sich hier weder gruppen- noch generationsspezifische Unterschiede in nennenswerter Weise, wie dies aus Tabelle 14 hervorgeht.

Nun ist erwiesen, daß die intellektuellen Voraussetzungen zwar eine hochbedeutsame Komponente der Studierfähigkeit darstellen, aber auch die Studienmotivation als eine höchst beachtenswerte Dimension der Persönlichkeit den Studienverlauf und -erfolg nachhaltig bedingt.

Die Gründe, die aus der Retrospektive der Befragten für die Wahl bestimmter integrierter Studiengänge angegeben werden, lassen sich - gemäß dem Aufbau des verwendeten Fragebogens[6] - in den Feldern extrinsisch fachorientiert, intrinsisch fachorientiert sowie extrinsisch berufsorientiert und intrinsisch berufsorientiert strukturieren und interpretieren.

Bei den intrinsisch orientierten Motiven handelt es sich um ein mehr vom Kern der Persönlichkeit bestimmtes Verhalten, ein "inneres" Bewegtsein, das auf die Verwirklichung bedeutsamer Ziele drängt. Diese Ziele können in einer bestimmten Aufgabe oder Sache liegen, die um ihrer selbst willen gemeistert sein wollen, wie etwa die Entfaltung der eigenen Fähigkeiten. Extrinsisch gefärbte Motive hingegen sind eher solche, die ihre Anreize von "außen" her erhalten und auf die Erfüllung wirksamer Zwecke drängen, wie Streben nach Anerkennung und Besitz.

Verschafft man sich zunächst einen globalen Überblick über (epochale) Veränderungen in der Motivationsstruktur

---

6) Vgl. dazu: RIES, H. - KRIESI, P.: Studienverlauf an Schweizer Hochschulen. Arbeitsberichte, Bd. 6, Aarau 1974

Tab. 14   Retrospektive Einschätzung des Grades der Studierfähigkeit
          als Zurüstung zum Studium der Angehörigen der beiden
          Studienanfängergenerationen

Grad der Studierfähigkeit	Stichprobe 1.Generation				Stichprobe 2.Generation			
	A (N=118)		NA (N=251)		A (N=218)		NA (N=121)	
	N	%	N	%	N	%	N	%
hoch = oberes Drittel	21	17,8	30	12,0	29	16,2	11	11,5
mittel = mittleres Drittel	89	75,4	189	75,3	135	75,4	73	76,0
niedrig = unteres Drittel	8	6,8	32	12,8	15	8,4	12	12,5
o.A.	-	-	-	-	39	-	25	-

1.Gen. : 2.Gen.

x^2 A : A   = 0,3 = ns
x^2 NA : NA   = 0,0 = ns
x^2 A+NA : A+NA = 0,2 = ns

der beiden Generationen von Studienanfängern innerhalb
der Gruppe von Abiturienten und Nicht-Abiturienten, so
sticht ins Auge, daß in der Gruppe der Abiturienten über
alle 4 Dimensionen hinweg nur eine signifikante Veränderung zu beobachten ist; in der Gruppe der Nicht-Abiturienten sind drei beachtenswerte Verschiebungen zu konstatieren. Auf's Ganze gesehen jedoch kann festgestellt
werden, daß die Motivationsstruktur in den zum Vergleich
herangezogenen Gruppen der beiden Generationen fast die
gleiche Ausprägung erkennen läßt (Tab. 15, 16, 17, 18).

Die signifikante Veränderung in der Gruppe der Abiturienten bezieht sich auf die intrinsisch berufsorientierte
Dimension, die auf mehr berufliche Unabhängigkeit zielt
(Tab. 17). Angehörige der 2. Generation (1983/84) sind
offenbar etwas risikofreudiger als die Angehörigen der
1. Generation (1974/75 bzw. 1975/76).

In der Gruppe der Nicht-Abiturienten geht die Seite
"wissenschaftliches Interesse an diesem Fach" in der
Dimension intrinsisch fachorientiert in der 2. Generation deutlich zurück (Tab. 15). Gleichzeitig gewinnen
in der extrinsisch berufsorientierten Dimension die
Seiten "gute Aufstiegsmöglichkeiten" und "gute Verdienstchancen" als Gründe für die Aufnahme des gewählten Studienganges erheblich an Gewicht (Tab. 18).

Analysiert man die 4 Dimensionen der Gesamtstruktur unter dem Aspekt unterschiedlicher Ausrichtung und Ausprägung zwischen den Angehörigen der beiden Gruppen der A
und der NA jeweils innerhalb der beiden Generationen,
so gilt fast totale Übereinstimmung. Es läßt sich lediglich eine signifikante Veränderung in der Ausprägung erkennen: die NA der 2. Generation geben nun mit deutlich
höherem Gewicht das Berufsinteresse als Grund für die
Wahl des Studienganges an als die Abiturienten (Tab. 17).

Von der Richtung her dominieren sowohl bezüglich des gewählten Studienfaches als auch bezüglich des durch diese Wahl angezielten Berufes die eher intrinsisch gefärbten Motive.

So praevaliert in beiden Gruppen innerhalb beider Generationen ganz eindeutig der intrinsisch fachorientierte Zug, durch das Studium die "persönlichen Fähigkeiten" zu entwickeln (Tab. 15).

Tab. 15   Vergleich der Studienwahlmotivation
          in den Stichproben der 1. und der 2. Generation
          hier: intrinsisch fachorientierte Motivation
          - Verhältnis von Zustimmung (+) und Ablehnung (-)

Ich entschloß mich zu meinem Studienfach, -	Stichprobe 1. Generation			x^2 A:A	x^2 NA:NA	Stichprobe 2. Generation		
	A (N=139) + -	x^2	NA (N=276) + -			A (N=178) + -	x^2	NA (N=98) + -
weil mich die intellektuellen Anforderungen dieses Faches reizen	40:40	0,0	39:40	0,5	0,0	44:35	0,6	40:41
weil ich glaube, dadurch später anderen Menschen helfen zu können	15:49	0,0	15:53	0,8	0,5	16:74	0,1	15:70
weil ich ein wissenschaftliches Interesse an diesem Fach und seinen theoretischen Einsichten habe	64:26	0,3	70:24	1,5	4,5	51:31	0,1	50:34
weil ich in diesem Fach besondere Möglichkeiten sehe, meine persönlichen Fähigkeiten zu entwickeln	72:21	1,2	78:15	0,1	0,7	65:17	0,1	68:18

___ = s (signifikant)

Tab. 16 Vergleich der Studienwahlmotivation
in den Stichproben der 1. und der 2. Generation
hier: extrinsisch fachorientierte Motivation
– Verhältnis von Zustimmung (+) und Ablehnung (–)

Ich entschloß mich zu meinem Studienfach, –	Stichprobe 1. Generation			x^2 A:A	x^2 NA:NA	Stichprobe 2. Generation		
	A (N=139) + –	x^2	NA (N=276) + –			A (N=178) + –	x^2	NA (N=98) + –
weil dieses Fach im Verhältnis zu anderen hohes Ansehen genießt	15:45	0,7	13:55	0,1	0,3	18:61	1,3	13:70
weil dieses Fach ein relativ kurzes Studium erlaubt	14:53	0,8	10:57	3,2	1,4	10:84	0,2	8:82
weil dieses Fach nicht allzu schwierig erscheint	8:59	1,4	4:62	1,2	0,8	6:81	1,3	3:91
weil Bekannte / Freunde / Verwandte bereits dieses Fach gewählt haben	10:72	3,1	4:76	0,1	1,3	11:82	0,3	9:85

Tab. 17 Vergleich der Studienwahlmotivation
in den Stichproben der 1. und der 2. Generation
hier: intrinsisch berufsorientierte Motivation
– Verhältnis von Zustimmung (+) und Ablehnung (–)

Ich entschloß mich zu meinem Studienfach, –	Stichprobe 1. Generation			x^2 A:A	x^2 NA:NA	Stichprobe 2. Generation		
	A (N=139) + –	x^2	NA (N=276) + –			A (N=178) + –	x^2	NA (N = 98) + –
weil ich besonderes Interesse an einem bestimmten Beruf habe	69:20	3,1	83:12	0,1	0,8	68:18	5,5	85: 8
weil ich später beruflich unabhängig werden will	38:43	0,0	35:42	5,5	0,4	57:31	3,6	44:43
weil ich ein besonderes Interesse an der praktischen Anwendung theoretischer Erkenntnisse habe	69:18	0,0	69:20	3,7	0,9	57:29	0,4	54:22
weil ich bereits vorhabe, mich auf eine bestimmte berufliche Spezialisierung vorzubereiten	49:30	1,1	58:25	0,8	1,4	48:39	0,6	52:33

_____ = s (signifikant)

Tab. 18   Vergleich der Studienwahlmotivation
          in den Stichproben der 1. und der 2. Generation
          hier: extrinsisch berufsorientierte Motivation
          - Verhältnis von Zustimmung (+) und Ablehnung (-)

Ich entschloß mich zu meinem Studienfach, -	Stichprobe 1. Generation				Stichprobe 2. Generation			
	A (N=139) + -	x^2	NA (N=276) + -	x^2 A:A	x^2 NA:NA	A (N=178) + -	x^2	NA (N=98) + -
weil dieses Fach gute Aufstiegsmöglichkeiten verspricht	47:35	0,2	46:39	2,6	9,1 ===	53:23	0,9	64:20
weil dieses Fach später gute Verdienstchancen eröffnet	64:26	2,6	53:36	0,1	7,9 ===	55:23	1,9	57:14
weil die Nachfrage nach Absolventen dieses Faches groß ist	29:48	0,2	23:44	0,2	0,1	33:48	0,3	29:51
weil dieses Studium eine sichere berufliche Zukunft verspricht	38:44	0,8	42:37	0,7	1,4	43:38	1,5	44:26

=== = ss (sehr signifikant)

"Herzstück" der Gesamthochschule ist das Angebot von Kurzstudium D I und die damit verbundene Gelenkfunktion der Aufstiegsmöglichkeit in das Langstudium D II, das auch direkt bei Studienbeginn gewählt werden kann.

Wie sich nun die Wahlen, die durch die unterschiedliche Motivationsstruktur bedingt sind, für die verschiedenen Möglichkeiten der Studiengestaltung innerhalb der beiden Gruppen der A und der NA und zwischen den beiden Generationen verteilen, geht aus Tabelle 19 hervor.

Sie läßt erkennen, welche Verschiebungen sich hinsichtlich der Wahl dieser beiden Studiengänge eingestellt haben. Alle Vergleiche lassen sehr signifikante Verschiebungen deutlich werden, die letztlich alle wohl darauf zurückgehen, daß in der 2. Generation die Anzahl der Unentschiedenen ganz erheblich geringer ist als in der 1. Generation.

Grundsätzlich jedoch wird deutlich, daß die Anzahl derjenigen - und zwar sowohl unter den A als auch unter den NA -, die sich bei Studienbeginn für den Kurzstudiengang D I entschieden haben, in der 2. Generation sehr signifikant höher ist als in der 1. Generation. Die gleiche Tendenz stellt sich - aus dem vorher genannten Grund, Rückgang der Unentschiedenen - aber auch mit Blick auf die Wahl des Langstudienganges ein. Lag ihr Anteil in der 1. Generation bei A und NA um 55 %, so liegt er in der 2. Generation um 70 % (A) bzw. 65 % (NA).

Tab. 19   Angestrebte Abschlußprüfung
in den Stichproben der 1. und der 2. Generation

Studienziel	Stichprobe 1.Generation				Stichprobe 2.Generation			
	A (N=118)		NA (N=251)		A (N=218)		NA (N=121)	
	N	%	N	%	N	%	N	%
Kurzstudium D I	6	5,2	10	4,0	22	10,2	21	17,6
Langstudium D II	64	55,2	133	53,0	150	69,4	76	63,9
unbestimmt bzw. Entscheidung später	46	39,7	108	43,1	44	20,4	22	18,5
o.A.	2	–	–	–	2	–	2	–

1.Gen. : 2.Gen.

x^2 A : A   = 15,0 = ss
x^2 NA : NA   = 33,5 = ss
x^2 A+NA : A+NA = 48,2 = ss

4.3. Der Studienerfolg als Kriterium für die Vertretbarkeit ungleicher Zulassungsvoraussetzungen

Im Rahmen der sich hier lediglich über einen Zeitraum von 6 Semestern erstreckenden Bewährungskontrolle soll anhand einiger Kriterien des Studienerfolgs überprüft werden, inwieweit die bildungspolitische Setzung trägt, daß Abiturienten und Nicht-Abiturienten trotz ungleicher Studieneingangsvoraussetzungen in der neu-strukturierten Reformhochschule in gleicher Weise erfolgreich sind.

Als "weiche" Kriterien des Studienerfolges gelten Hochschul- und Fachwechsel, während Studienabbruch und Noten der Examina als "harte" Kriterien bezeichnet werden.

Die Tabellen 20 und 21 geben Auskunft über die Stabilität bzw. Veränderung der Kriterien Fach-/Hochschulwechsel und Studienabbruch in den beiden Studentengenerationen.

In der 1. Generation bleibt - wie Tab. 20 zeigt - das Verhältnis von A und NA, bezogen auf die einzelnen Studienfächer, durch Fach-/Hochschulwechsel und Studienaufgabe nahezu gleich. Ganz ähnliche Verhältnisse zeigen sich in dem Vergleich der 2. Generation (Tab. 21), auch dort verändert sich die Proportion kaum. Wohl aber wird deutlich, daß der Schwund durch die Kriterien Fach-/Hochschulwechsel und Studienaufgabe geringer geworden ist.

Tab. 20   Veränderung der Proportion der Fächerbesetzung durch A und NA der Stichprobe aus der 1. Generation während des Grundstudiums nach 6 Semestern durch Fach-/Hochschulwechsel oder Studienaufgabe

Studienfach	Stichprobe 1.Generation bei Studienbeginn				Fach-/Hochschulwechsel		Studienaufgabe		Stichprobe 1.Generation nach 6 Semestern			
	A		NA		A	NA	A	NA	A		NA	
	N	%	N	%	N	N	N	N	N	%	N	%
Bauingenieurwesen	27	100	52	100	6	7	1	3	20	74,1	42	80,8
Chemie	21	100	21	100	4	3	3	1	14	66,6	17	81,0
Maschinenbau	36	100	115	100	7	15	3	9	26	72,2	91	79,1
Mathematik	25	100	38	100	5	7	2	11	18	72,0	20	52,6
Physik	13	100	29	100	4	2	1	5	8	61,5	22	75,9
Wirtschaftswiss.	50	100	106	100	16	22	3	10	31	62,0	74	69,8
Insgesamt	172	100	361	100	42	56	13	39	117	68,7	266	74,4

$x^2 = \underline{12,7} = s$ $x^2 = \underline{12,4} = s$

Tab. 21 Veränderung der Proportion der Fächerbesetzung durch A und NA der Stichprobe aus der 2. Generation während des Grundstudiums nach 6 Semestern durch Fach-/Hochschulwechsel oder Studienaufgabe

Studienfach	Stichprobe 2.Generation bei Studienbeginn				Fach-/Hochschulwechsel				Studienaufgabe				Stichprobe 2.Generation nach 6 Semestern			
	A		NA		A		NA		A		NA		A		NA	
	N	%	N	%	N	N	N	N	N	N	N	N	N	%	N	%
Bauingenieurwesen	30	100	13	100	10		5		3		1		17	56,7	7	53,9
Chemie	23	100	14	100	6		2		2		1		15	65,2	11	78,6
Maschinenbau	34	100	31	100	7		3		2		3		25	73,5	25	80,6
Mathematik	9	100	–	–	6		–		2		–		1	11,1	–	–
Physik	21	100	4	100	3		–		2		1		16	76,2	3	75,0
Wirtschaftswiss.	100	100	57	100	10		5		7		5		83	83,0	47	82,5
Insgesamt	217	100	119	100	42		15		18		11		157	72,4	93	78,2

$x^2 = 8,8 = ns$ $x^2 = 8,2 = ns$

Zieht man zur Überprüfung des Studienerfolgs in beiden Generationen die Anzahl der Angehörigen der beiden Stichproben heran, die im Zeitraum von 6 Semestern ihre Zwischenprüfung erfolgreich abgelegt haben - eine Aufgliederung nach Studiengängen erfolgt wegen der zahlenmäßig niedrigen Besetzung nicht -, dann wird deutlich, daß sich weder in der 1. noch in der 2. Generation, noch zwischen A und NA ein nennenswerter Unterschied einstellt (Tab. 22).

Einige Verschiebungen hingegen lassen sich in der Qualität der Zwischenprüfungsergebnisse anhand der dort erzielten Noten feststellen (Tab. 23).

So gilt zunächst einmal, daß innerhalb der 1. Generation sich ein signifikanter Unterschied zwischen den ZP-Durchschnittsnoten der A (2,76) und denen der NA (3,03) beobachten läßt, während ein solcher in der 2. Generation (2,51 : 2,33) nicht zu verzeichnen ist.

Grundsätzlich aber ist festzustellen, daß von der 1. zur 2. Generation - schließt man die A + NA zur Gruppe der Absolventen zusammen - ein beachtenswerter Qualitätssprung zu konstatieren ist, von der Durchschnittsnote 2,93 auf die Durchschnittsnote 2,45. Bei der Einzelbetrachtung von Abiturienten und Nicht-Abiturienten zeigt sich, daß diese Verbesserung in frappierendem Ausmaß für die Nicht-Abiturienten (3,03 : 2,33) gilt, während die Leistungssteigerung in den beiden Gruppen der Abiturienten (2,76 : 2,51), die zwar auch gegeben ist, aber statistisch als nicht signifikant eingestuft werden muß.

Tab. 22 Erfolgreich abgelegte Zwischenprüfung (ZP) in den integrierten Studiengängen nach 6 Semestern, bezogen auf die Studienanfänger
- Vergleich der 1. Generation zur 2. Generation

	Anzahl der Studenten bei Studienbeginn				abgelegte ZP			
	A		NA		A		NA	
	N	%	N	%	N	%	N	%
1. Generation	172	100	361	100	41	23,8	103	28,5
					$x^2 = 1,3 = ns$			
2. Generation	217	100	119	100	56	25,8	26	21,8
					$x^2 = 0,7 = ns$			

1.Gen. : 2.Gen.

x^2 A : A   = 0,2 = ns
x^2 NA : NA = 2,0 = ns

Tab. 23 Mittel- und Streuungswerte der in den bestandenen Zwischenprüfungen erreichten Noten
– Vergleich der 1. Generation zur 2. Generation

abgelegte ZP

	A			NA			A + NA		
	N	$\bar{X}$	s_x	N	$\bar{X}$	s_x	N	$\bar{X}$	s_x
1. Generation	41	2,76	0,7	103	3,03	0,7	144	2,93	0,8
2. Generation	52*	2,51	0,5	24*	2,33	0,8	76	2,45	0,6
	t	2,1		t	1,0				

1.Gen. : 2.Gen.

t   A : A   = 1,9 = ns
t   NA : NA   = 4,0 = ss
t   A+NA : A+NA = 5,0 = ss

─── = s (signifikant)
=== = ss (sehr signifikant)

* nicht von allen bestandenen Zwischenprüfungen liegt die Note vor

Nimmt man abschließend in Tabelle 24 einen Blick auf die im Rahmen dieser Untersuchung herangezogenen Voraussagewerte (Zeugnisnoten bzw. Testwerte der Abiturienten und Nicht-Abiturienten) hinsichtlich des Studienerfolgs, hier: Note der Zwischenprüfung, vor, so wird zunächst übergreifend sichtbar, daß die entsprechenden Zusammenhänge in der 1. Generation - orientiert man sich am Determinationskoeffizienten - höher sind als in der 2. Generation.

So "erklärt" beispielsweise die Durchschnittsnote der Abiturienten der 1. Generation 42 % ihrer Leistungen, wie sie in der Note der Zwischenprüfung zum Ausdruck kommt - 58 % sind durch andere Faktoren zu erklären. In der 2. Generation beträgt diese "Aufklärungsquote" jedoch nur noch 18 %. In der Gruppe der Nicht-Abiturienten fällt dieser Wert von 25 % auf 17 %.

Die diesbezüglichen Zusammenhänge zwischen Testergebnis und Prüfungsergebnis liegen in beiden Gruppen und in beiden Generationen unterhalb derer der Zeugnisnoten. Auch hier geht die Enge des Zusammenhangs von der 1. zur 2. Generation zurück.

Tab. 24 Korrelationskoeffizienten (r) und Signifikanzniveau zwischen den Praediktoren Durchschnittsnote in der Zulassungsvoraussetzung (ZV) bzw. Testergebnis (T) und dem Außenkriterium Durchschnittsnote in der Zwischenprüfung (ZP) integrierter Studiengänge - Vergleich der 1. Generation zur 2. Generation

Praediktor	N	Korrelation r	Signivikanz- niveau	Determination r^2 %
1. Generation				
ZV/A : ZP	85	.65	ss	42
ZV/NA : ZP	115	.50	ss	25
T/A : ZP	85	.51	ss	26
T/NA : ZP	118	.39	ss	15
2. Generation				
ZV/A : ZP	29	.42	ss	18
ZV/NA : ZP	22	.41	ss	17
T/A : ZP	29	.39	ss	15
T/NA : ZP	22	.34	s	12

s = signifikant
ss = sehr signifikant

ZUSAMMENFASSUNG

Im Jahre 1972 fand die Inauguration von Hochschulen neuen Typs statt - Gesamthochschulen mit der Zielsetzung, ein neues Verhältnis von wissenschaftlicher und beruflicher Ausbildung zu schaffen. Dieses Modell sieht die Einrichtung neuer integrierter Studiengänge vor, in denen sowohl Abiturienten (A) als auch Nicht-Abiturienten (NA) ein Diplom in einem Kurz- oder Langstudiengang (sechssemestrig: D I oder achtsemestrig: D II) erwerben können. Die Universität Gesamthochschule Essen gehört diesem Typus an.

Zur Überprüfung des neuen Konzepts, daß es weniger auf den Berechtigungsschein eines traditionellen Abiturs als auf Fähigkeiten, Interesse und Leistungswille für den gewählten Studiengang ankomme, wurden innerhalb von 10 Jahren Längsschnittuntersuchungen durchgeführt, die zwei Generationen von Studierenden wissenschaftlich begleiteten.

Der Beobachtungszeitraum der 1. Generation (Immatrikulationsjahrgänge 1974/75 und 1975/76) erstreckte sich über 16 bzw. 14 Semester. Diese erste Längsschnittuntersuchung befaßte sich im wesentlichen mit Studienwahl, Studiendauer sowie Studien- und Berufserfolg der beiden Gruppen von A und NA. Die Wiederholungsuntersuchung der 2. Generation (Immatrikulationsjahrgang 1983/84) umfaßt bislang den Beobachtungszeitraum von 6 Semestern und dient der Verifizierung bzw. Falsifizierung von Ergebnissen der 1. Generation.

Die Befunde lassen erkennen, daß sich die Anzahl der Erstimmatrikulierten der 2. Generation im Vergleich zur ersten um das 2 1/2-fache erhöht hat; die Zahl der weib-

lichen Studierenden verdoppelte sich nahezu. Der Anteil
der A und der NA dagegen hat sich grundlegend verändert:
in der 1. Generation war die Proportion 32 A : 68 NA, in
der 2. Generation 64 A : 36 NA.

Hinsichtlich der Repräsentativität der Stichprobe zur
Grundgesamtheit zeigt sich eine prozentuale Übereinstimmung von Geschlechtszugehörigkeit, Merkmalen der
Zulassungsvoraussetzung und auch in der Fächerwahl der
integrierten Studiengänge. Lediglich im Fach Bauingenieurwesen findet sich in der Stichprobe der 2. Generation eine Unterrepräsentation, im Fach Wirtschaftswissenschaften dagegen eine Überrepräsentation.

Bei der Betrachtung der Verteilung der Studienfachwahlen fällt in der Stichprobe wie in der Grundgesamtheit
der starke Rückgang des Faches Mathematik auf, während
Chemie und Wirtschaftswissenschaften deutlichen Zuwachs
von Studierenden zu verzeichnen haben.

Hinsichtlich des elterlichen Bildungshintergrundes
zeigt sich, daß die große Mehrzahl der Väter Volksschulabschluß aufweist, am stärksten bei den NA. Bei
beiden Gruppen steigt auch die Anzahl der Akademikerväter signifikant an. Ähnlich strukturiert ist das
Bildungsgefälle der Mütter.

Im Gegensatz zu traditionellen Universitäten - die ca.
15 % von Studierenden aus der Arbeiterschicht aufweisen
- ist dieser Prozentsatz an der UGE stark überrepräsentiert: trotz der Verringerung von 52 % Arbeiterkinder in
der 1. Generation auf 36 % in der 2. Generation ist deren Anteil immer noch signifikant höher als an Universitäten hergebrachter Prägung. Bei der Berufsposition der
Mütter wird ersichtlich, daß sich in der 2. Generation
der alleinige Status der Hausfrau zugunsten einer beruf-

lichen Tätigkeit verringert und sich so die familiäre
und soziologische Situation der Studierenden entsprechend der veränderten Struktur unserer Gesellschaft
darstellt.

Zielsetzung der UGE ist es, Studienberechtigten mit ungleichen Eingangsvoraussetzungen gleichen Studienerfolg
zu ermöglichen.

Eine Analyse der Zulassungszeugnisse der A und der NA
zeigte in der 1. Generation einen sehr signifikanten
Unterschied: A $\bar{X}$ = 3,0, NA $\bar{X}$ = 2,70, in der 2. Generation
ist ein Notenausgleich erfolgt: A $\bar{X}$ = 2,78, NA $\bar{X}$ = 2,80.
Demgegenüber stellen sich die Ergebnisse des "Test akademische Befähigung" wie folgt dar: in beiden Generationen heben sich die A ($\bar{X}$ = 55,23 bzw. $\bar{X}$ = 55,02) in ihrem
Testmittelwert sehr signifikant positiv von den NA ($\bar{X}$ =
45,02 bzw. $\bar{X}$ = 45,12) ab. Begründung dafür mag die unterschiedliche "Vorauslese" durch die jeweiligen Bildungsinhalte der vorher besuchten Schulen sein. Insgesamt
zeigen die Durchschnittsnoten der Zulassungszeugnisse
wie auch die Testmittelwerte der NA in den beiden Generationen eine relative Stabilität, während die A der 2.
Generation bei signifikant besseren Durchschnittsnoten
deutlich schlechtere Testwerte aufweisen. Betrachtet man
die Testmittelwerte differenziert nach Studiengängen,
erreichen nur die Studierenden der 2. Generation in der
Fachrichtung Maschinenbau signifikant höhere Durchschnittswerte als ihre Kommilitonen der 1. Generation,
während sich in den übrigen Studiengängen keine nennenswerten Unterschiede darstellen.

Die Studienmotivation ist als nicht zu unterschätzender
Faktor des Studienverlaufs und -erfolgs anzusehen.

Die Motivationsanalyse (nach einem Fragebogen von RIES und KRIESI) hinsichtlich der Studienwahl brachte keine nennenswerten Verschiebungen zwischen den Generationen der beiden Gruppen. Lediglich zeigen die A der 2. Generation mehr Risikofreude im Bereich der intrinsisch berufsorientierten Dimension, die NA dagegen etwas weniger wissenschaftliches Interesse an ihrem Fach und sind dafür mehr an Aufstiegsmöglichkeiten und Verdienstchancen interessiert.

Es kann generell formuliert werden, daß in beiden Gruppen und beiden Generationen der Zug, die persönlichen Fähigkeiten möglichst optimal zu entwickeln, für das Studium ausschlaggebend ist.

Bei der Wahl hinsichtlich des Kurz- oder Langstudiums zeigen sich in der 2. Generation erheblich weniger Unentschiedene: so werden sowohl der D I- wie der D II-Studiengang signifikant häufiger gewählt als in der 1. Generation. Die anfängliche Unsicherheit über die neuen Studiengänge ist also weitgehend zurückgegangen.

Betrachtet man die Kriterien des Studienerfolges, dann kann festgestellt werden, daß hinsichtlich des Fach- und Hochschulwechsels wie auch der Studienaufgabe im Vergleich der 1. zur 2. Generation und zwischen den beiden Gruppen A und NA ähnliche Verhältnisse vorliegen. Lediglich ist bei der 2. Generation insgesamt ein geringerer Schwund an Studierenden durch die oben erwähnten Kriterien zu verzeichnen.

Auch die Anzahl der abgelegten Zwischenprüfungen nach 6 Semestern unterscheidet sich weder zwischen den Generationen noch zwischen den beiden Gruppen. Allerdings gibt es einige Verschiebungen in der Qualität der ZP-

Ergebnisse. In hochsignifikanter Weise verbesserten sich die Noten der NA der 2. Generation und zwar von $\bar{X} = 3,09$ zu $\bar{X} = 2,33$. Während noch innerhalb der 1. Generation ein signifikanter Unterschied zwischen den ZP-Durchschnittsnoten der A ($\bar{X} = 2,76$) und denen der NA ($\bar{X} = 3,09$) zu verzeichnen war, läßt sich ein solcher in der 2. Generation nicht mehr beobachten (A: $\bar{X} = 2,51$, NA: $\bar{X} = 2,33$).

Die Korrelationsberechnungen ergeben, daß die Zusammenhänge von Zeugnisnoten der Studieneingangsvoraussetzungen zu den ZP-Noten bzw. die Testwerte zu den ZP-Noten in der 2. Generation etwas niedriger liegen.

So wurden 2 Längsschnittuntersuchungen in einem Abstand von ca. 10 Jahren miteinander verglichen, wobei die letztere nur einen Zeitraum von 6 Semestern umfaßte. Dabei konnten keine großen Unterschiede zwischen den Generationen festgestellt werden; diejenigen, die sich abzeichnen, gehen eher zugunsten der NA. Auch scheint sich die Tatsache auszuwirken, daß die Studierenden eine größere Sicherheit im Umgang mit den integrierten Studiengängen erlangt haben.

Die Ergebnisse können als Beitrag zur Bestätigung der Zielsetzung der neuen Reformhochschule angesehen werden.

LITERATURVERZEICHNIS

BEUTEL, P. - KÜPPER, H. - RÖCK, E. -SCHUBEL, W:: SPSS-Statistik-Programm-System für Sozialwissenschaften. Stuttgart 1978^2

HITPASS, J. - OHLSSON, R. - THOMAS, E.: Studien- und Berufserfolg von Hochschulabsolventen mit unterschiedlichen Studieneingangsvoraussetzungen. Opladen 1984

RAU, J.: Vorwort des Wissenschaftsministers des Landes NW, in: Der Minister für Wissenschaft und Forschung des Landes Nordrhein-Westfalen: Gesamthochschulen in Nordrhein-Westfalen. Düsseldorf 1974

RIES, H. - KRIESI, P.: Studienverlauf an Schweizer Hochschulen. Arbeitsberichte, Bd. 6, Aarau 1974

TROST, G.: Möglichkeiten und Nutzen der Aufbereitung von Reifezeugniszensuren für die Verbesserung der Studienerfolgsprognose. Der Bundesminister für Bildung und Wissenschaft - Schriftenreihe Bildungsplanung 2